Andrés Torres Queiruga

# A teologia depois do Vaticano II
### Diagnóstico e propostas

**Dados Internacionais de Catalogação na Publicação (CIP)**
**(Câmara Brasileira do Livro, SP, Brasil)**

Torres Queiruga, Andrés
A teologia depois do Vaticano II : diagnóstico e propostas /
Andrés Torres Queiruga ; tradução Afonso Maria Ligorio Soares. –
1. ed. – São Paulo : Paulinas, 2015. – (Coleção revisitar o Concílio)

Título original: La teología después del Vaticano II :
diagnóstico y propuestas.
ISBN 978-85-356-3915-5

1. Concílio Vaticano (2. : 1962-1965) 2. Igreja Católica -
História - Século 20 3. Teologia - Século 20 I. Título. II. Série.

15-03166                                                    CDD-262.52

**Índice para catálogo sistemático:**
1. Concílio Vaticano 2º : História 262.52

Título original da obra: *La Teología después del Vaticano II: Diagnóstico y propuestas*
© Herder Editorial S.L., Barcelona, 2013.

1ª edição – 2015

Direção-geral:
*Bernadete Boff*

Editores responsáveis:
*Vera Ivanise Bombonatto*
*Antonio Francisco Lelo*

Tradução:
*Afonso M. L. Soares*

Coordenação de revisão:
*Marina Mendonça*

Revisão:
*Equipe Editorial*

Gerente de produção:
*Felício Calegaro Neto*

Capa e diagramação:
*Manuel Rebelato Miramontes*

---

*Nenhuma parte desta obra poderá ser reproduzida ou
transmitida por qualquer forma e/ou quaisquer meios
(eletrônico ou mecânico, incluindo fotocópia e gravação)
ou arquivada em qualquer sistema ou banco de dados
sem permissão escrita da Editora. Direitos reservados.*

---

**Paulinas**

Rua Dona Inácia Uchoa, 62
04110-020 – São Paulo – SP (Brasil)
Tel.: (11) 2125-3500
http://www.paulinas.org.br – editora@paulinas.com.br
Telemarketing e SAC: 0800-7010081

© Pia Sociedade Filhas de São Paulo – São Paulo, 2015

# Sumário

Prólogo ............................................................. 5

Capítulo I
O acontecimento conciliar e seu significado ......................... 9

Capítulo II
A autonomia do mundo como núcleo central
e determinante ..................................................... 31

Capítulo III
Os grandes temas da teologia pós-conciliar ........................ 53

Capítulo IV
Moral e religião: da moral religiosa à vivência
religiosa da moral ................................................. 89

Capítulo V
Democracia na Igreja como tarefa pendente ....................... 123

Capítulo VI
O diálogo das religiões a partir do Vaticano II ................... 157

# Prólogo

ão deixa de ser surpreendente retomar as diferentes comemorações do Concílio que foram sendo feitas vinte, trinta, quarenta anos depois. Agora, chegamos aos cinquenta anos de seu encerramento. Com ligeiras diferenças, quase tudo se repete, seja para louvar, para lamentar, para acusar ou simplesmente para abafar o caso. Com toda evidência, isso nos deve fazer pensar. Aponta claramente para o fato de que nos encontramos diante de um processo ainda em curso, cuja magnitude transborda qualquer tentativa de delimitação precisa ou de diagnóstico definitivo. De fato, somente a partir de uma consideração de sua gênese histórica, torna-se possível compreender a profundidade da mutação que supôs este Concílio, carregado de tantas promessas e exposto a tantas decepções. E somente procurando ir ao núcleo determinante dessa mutação é possível tentar uma orientação fundamental da tarefa diante da qual ele continua situando a Igreja católica.

Por isso, este ensaio tenciona não tanto se perder nos pormenores, quanto esclarecer, na medida do possível, os dinamismos fundamentais que, tendo vindo à tona no Concílio, movem as águas profundas de seu dinamismo e apontam para as verdadeiras portas de sua esperança.

Quero pensar que os cinquenta anos transcorridos já permitam uma perspectiva suficiente para não se perder no fragor das opiniões e começar a ver por onde vai o autenticamente relevante e decisivo.

Mesmo assim, a tarefa ainda é imensa, as ambiguidades, numerosas e os conflitos, duros. Contudo, vale a pena prosseguir trabalhando em um diagnóstico que seja o mais atualizado e orientador possível. Esta contribuição, breve e sintética, consta de duas partes. A primeira vai se centrar em três aspectos de especial relevância: a) buscar o núcleo que determina o sentido mais profundo do acontecimento; b) esclarecer a opção hermenêutica para sua leitura; e c) precisar os problemas fundamentais que o Concílio abriu para a teologia, indicando os caminhos que me parecem possíveis e se oferecem como mais frutíferos.

A segunda parte, dividida em três capítulos, tenta aplicar uma lente de aumento a três dos grandes problemas aludidos na primeira. Presentes no Concílio e apresentados por ele de uma perspectiva claramente renovadora, esperam ainda ser assumidos com plena coerência teórica e realizados em suas consequências práticas. A reflexão entra em terrenos ainda não devidamente explorados, tentando detectar as articulações que determinam o mais característico e urgente da nova situação. Todos eles respondem a trabalhos anteriores que se apresentam aqui como tais, embora sem renunciar a leves modificações em alguns pontos. O primeiro se refere às relações entre *a moral e a religião*, um lugar onde, junto ao das ciências da natureza, a nova consciência da autonomia humana fez sentir com mais intensidade tanto os graves desafios como as possibilidades inéditas que surgem para a igreja e a teologia. O segundo problema aborda a delicada questão da *democracia na Igreja*. E o terceiro problema fala do *diálogo das religiões* no mundo atual. Representa talvez a questão que mais avançou desde os anos conciliares.

Se este ensaio ajudar a introduzir alguma clareza e, talvez, uma serena esperança nesses tempos difíceis, já me darei por satisfeito. Em todo caso, sua única intenção é contribuir com a tarefa comum de continuar trabalhando por uma Igreja e um Cristianismo que se aproximem um pouco mais de sua missão de anunciar o Deus *humanissimus*, cujo único empenho em sua criação e em nossa história é, desde sempre e para sempre, o bem da humanidade. O bem de cada mulher e de cada homem que vem a um mundo tão enredado na angústia, mas que — a partir de Deus e apesar de tudo — temos direito a esperar que continue animado por uma esperança mais profunda que nossos fracassos e mais forte que nossos desalentos.

*Andrés Torres Queiruga*

# Capítulo I
## O acontecimento conciliar
## e seu significado

Hoje é praticamente unânime a convicção de que o mais decisivo do Vaticano II tenha sido sua própria celebração. Somos muitos os que pensamos que o *gesto* é aqui mais importante que o *texto*, ou que ao menos não se pode interpretar este último sem que se tenha em conta aquele como o contexto fundamental para uma interpretação correta e realista. Trata-se, com efeito, de um acontecimento de raio histórico muito amplo, que constitui uma autêntica *mudança de paradigma*, não apenas no pensamento teológico como também na vida da Igreja católica e de sua presença no mundo.

## 1. A gestação histórica

A clausura que celebrava solenemente em 8 de dezembro de 1965 não era tão somente o trabalho de cinco anos tensos e intensos. Era a clausura oficial de uma inteira época histórica. Época decisiva também para a humanidade, mas que o é de uma maneira especial para uma Igreja que se tinha encontrado cada vez mais (auto)marginalizada, ou seja, tendendo a se fechar sobre si mesma e excessivamente afastada do processo geral que renovava pela raiz a cultura e a sociedade.

Por isso convém que comecemos por contextualizar, ainda que seja muito sucintamente, os passos decisivos de sua gênese. Vou atentar para os enredos principais, com a intenção de procurar, como já disse, seu núcleo mais decisivo e determinante. A primeira linha, de arco bastante amplo, vai do Renascimento ao Modernismo; e a segunda, mais curta, do Modernismo até hoje.[1]

## 1.1. Do Renascimento ao Modernismo

Uma olhadela pela história do Ocidente mostra facilmente que até o Renascimento a cultura religiosa caminhou unida com a profana e até mesmo constituiu, de certa maneira, seu fundamento. Contudo, a partir do fracasso — uma magnífica oportunidade perdida — do *Humanismo cristão*, a separação tornou-se cada vez mais profunda. A Reforma protestante supôs uma forte sacudidela e propiciou um avanço, mas ficou demasiadamente aprisionada em "disputas de família", em controvérsias confessionais que não entravam de cheio no cerne da mudança cultural que estava sendo gestada. Concretamente, para nos atermos ao catolicismo, uma ortodoxia estreita, acentuada polemicamente pela oposição à Reforma, buscava no passado a segurança doutrinal. A Escolástica converteu-se em um útero protetor para onde a ciência da fé acorria cada vez que a cultura apresentava um novo desafio. A teologia, em lugar de se transformar de forma vital para assimilar os novos dados, criando as fórmulas e os conceitos que pudessem manter viva e atual a presença da fé na história, optou teimosamente pela restauração: o

---

[1] Uma exposição mais circunstanciada, que pode concretizar algo mais "estrutural", pode-se ver em: J. W. O'Malley, *¿Qué pasó en el Vaticano II?*, Santander, 2012, cap. II: "El largo siglo XIX", p. 81-132.

vinho das novas experiências era posto à força nos velhos odres do pensamento escolástico.

Houve algo de fatal no fato de que, enquanto no mundo secular se desencadeava, sobretudo a partir de Descartes, a formação de um novo pensamento filosófico e se forjava uma consciência radicalmente histórica, no mundo religioso — principalmente naquele católico, embora os protestantes tivessem também sua escolástica na ortodoxia— se gastava uma enorme energia de esforço e de talento para elaborar uma colossal reedição da filosofia medieval: isso foi a *escolástica barroca*, com toda a sua erudição, por vezes admirável, e suas escolas, mais atentas à supremacia entre as confissões que à evangelização da nova cultura. Desse modo, um pensamento objetivista, abstrato e anistórico acabou por se converter em uma jaula de ferro para o dinamismo da fé, tornando-a impermeável para a nova sensibilidade cultural. As grandes conquistas do espírito moderno, a ciência, a história crítica, a epistemologia, a crítica social, a psicologia profunda, a consciência histórico-evolutiva..., para a visada da teologia, foram sendo reduzidas indefectivelmente em uma postura marginal, quando não francamente hostil.

A partir de meados do século XIX, as tentativas teológicas que procuravam repercutir a pressão do ambiente e acolher a nova evidência acumulada, até mesmo quando essas tentativas eram tão profundas e ortodoxas como as da Escola de Tübingen, os esforços, tanto do Cardeal Newman como os de Antonio Rosmini, acabaram por ser marginalizados sem nenhuma remissão. O *Syllabus* (1864), o Vaticano I (1870) e a encíclica *Aeterni Patris* (1879) marcaram a segunda grande restauração escolástica. Muitos anos atrás, Yves Congar o expressou de uma maneira sucinta e acertada: "De uma forma geral, as poucas respostas criativas propostas no século XIX foram escutadas apenas tardiamente. Naquele momento histórico, foram preferidas as restaurações".[2]

O resultado fatal foi que o século XX, com sua novíssima problemática, acabou sendo enfrentado, em nível teológico, com uma pesadíssima armadura conceitual forjada fundamentalmente no século XIII. Mas a acumulação interna de novos conhecimentos teológicos e a crescente pressão da cultura externa tornaram inevitável um aumento da tensão. A teologia positiva, com sua inquestionável acumulação de dados históricos e exegéticos, e a presença nada irrelevante da teologia protestante fizeram transbordar por todos os lados a estreita conceituação escolástica. Nos teólogos mais sensíveis, a insatisfação tinha que procurar alguma saída, procurando elaborar uma nova síntese, mais de acordo com o tempo e capaz de dialogar com a cultura contemporânea.

Na linha de frente mais arriscada —as questões ultrapassavam evidentemente a capacidade de resposta— teve lugar um autêntico movimento: o Modernismo.

## 1.2. Do Modernismo ao Vaticano II

É sintomático que pelo próprio nome que lhe fora imposto como acusação os mesmos documentos oficiais já o condenavam — e desfiguravam— de uma maneira implacável. O decreto *Lamentabili* e a encíclica *Pascendi* (1907) estancaram de um golpe o processo, sem um tempo mínimo sequer para os devidos esclarecimentos. Fatalmente, o tomismo foi, de novo, restaurado: em 1914 inclusive

---

[2]   *La Foi et la Théologie*, Tournai, 1962, p. 266.

se impôs como obrigatório — com tentativas de torná-lo obrigação de fé! — o ensino das famosas *24 teses tomistas*. A restauração foi tão autoritária e as reações a ela tão violentas, que *tentativas mais equilibradas*, que, sem dúvida, poderiam ter evitado muitas angústias e possibilitado uma abertura autêntica, limitaram-se a ser, ou conscientemente marginalizadas — como no caso de Blondel— ou simplesmente ignoradas — como foi o caso de Amor Ruibal—, apenas para citar tão somente dois exemplos entre, talvez, os mais geniais e criativos.

A eliminação do Modernismo, ao ser feita pelo caminho autoritário e não pela livre discussão, não podia suprimir os problemas nem oferecer outra saída senão aquela absolutamente insuficiente de uma nova restauração. A insatisfação permaneceu nos meios mais sensíveis, e a procura continuou. O ruim foi que essa busca —e isto veio a ser decisivo para a presente reflexão— se via obrigada a certa clandestinidade que, acossada pela suspeita, somente podia manifestar-se de maneira indireta. De fato, a partir do Modernismo, a história da teologia católica constitui, em sua parte mais viva e movimentada, uma autêntica volta disfarçada do historicamente reprimido. No sentido de que os problemas não se mostravam diretamente à vista, e os teólogos se esforçavam por apresentá-los mediante estratégias colaterais que permitiam que se driblasse a rígida e vigilante censura oficial.

O cultivo da teologia positiva, com o estudo dos Padres da Igreja, primeiro, e da Escritura, depois, foi o caminho mais óbvio: expor o pensamento de Santo Agostinho sobre a Eucaristia ou mostrar—aqui com mais cuidado! — a evolução de uma verdade na Escritura não podia ser impedido por ninguém. Contudo, graças a esse recurso à consciência dos que creem, recebia-se a partir da teologia um estímulo e um alimento mais vitais e menos rígidos do que os que lhe chegavam da escolástica oficial. Foi incalculável a influência positiva que este procedimento — tanto como forja de teólogos como por impregnação ambiental — exerceu sobre a teologia católica.

Por outro caminho, mas também com grande eficácia, a pressão se manifestou em movimentos paralelos, como o da teologia querigmática — colocar ao lado da teologia científica, escolástica, outra pastoral, histórico-salvífica: que pudesse ser pregada, proclamada — ou aqueles da renovação litúrgica e catequética. Não obtiveram êxito na reestruturação teórica da teologia, mas fecundaram o ambiente propiciando novos caminhos.

Finalmente, a inquietude chegou a ser formulada de modo expresso em um movimento amplo e plural batizado por Garrigou-Lagrange — não precisamente com uma intenção positiva — como a *Nouvelle théologie*. Fruto de toda a inquietação teológica anterior (donde seu apelo para o *ressourcement*, para a "volta às fontes") e a favor do vivaz ambiente cultural do pós-guerra, esta tencionou libertar a teologia de seu vínculo escolástico: a história mostrava que uma mesma "afirmação" de fé podia ser explicada com a ajuda de diferentes "conceitos": Santo Agostinho teve seus conceitos de corte neoplatônico e Santo Tomás, os seus de corte aristotélico;[3] então, por que, hoje em dia, não nos podemos aproveitar das noções da(s) filosofia(s) moderna(s)? Hoje isso é mais que evidente

---

[3] Cf. H. Bouillard, *Conversion et grâce chez saint Thomas d'Aquin*, Paris, 1944, principalmente a conclusão, p. 219-220; e, para o ambiente geral, M. D. Chenu, *Une école de théologie: Le Saulchoir*, Le Saulchoir-Etiolles, 1937 (reed., Paris, 1985).

(embora já existam tentativas de retrocesso), porém, repetiu-se, então, de forma implacável a fatalidade: a *Humani Generis* (1950) cortou de novo o processo, alcançando em sua desqualificação a figuras da estatura de M.-D. Chenu, H. De Lubac, Y. Congar, K. Rahner e até mesmo H. Urs von Balthasar. Em outras palavras, justamente os teólogos que iriam ter um papel decisivo no Concílio. Nova tentativa de restauração, portanto.

Esta retomada histórica, elementar, e que, talvez, possa parecer dura, não reproduz nem sequer aproximadamente o ambiente de constrição e asfixia no qual se movia a teologia, permite que se perceba a necessidade e o sentido deste sucinto excurso. Unicamente a partir dele é possível compreender com profundidade a necessidade, o alcance, o destino e a tarefa aberta pelo Concílio Vaticano II.

## 2. A intenção da convocatória conciliar

A necessidade era imperiosa, mas as dificuldades também eram enormes. A resistência se mostrou primeiramente ante o fato mesmo da convocação. Apareceu imediatamente antes de suas primeiras consequências e prosseguiu se consolidando até hoje. Não seria hermeneuticamente produtivo pensar em "má vontade", simples afã de poder ou espírito de desobediência. É necessário um exercício de compreensão, que, sem centrar-se no juízo das intenções, se esforce por conseguir clareza nas duas dimensões principais: 1) em descobrir a intenção genuína de sua convocatória e 2) detectar as razões objetivas e os fortes condicionamentos doutrinais que dominavam — sem haver ainda hoje desaparecido totalmente — o ambiente geral. Na falta de clareza sobre estes aspectos reside talvez a raiz mais forte e duradoura de grande parte dos equívocos, e assim se explica que um mesmo concílio, sem que ninguém se proponha a negá-lo de modo expresso, tenha dado e ainda esteja dando lugar a interpretações tão contrapostas.

## 2.1. A intenção fundamental

Se pessoalmente tivesse que resumir em um ponto apenas o papel histórico do Concílio, diria que consistiu em dar, de modo autorizado e oficial, saída livre aos impulsos de atualização longamente reprimidos. Levando a sério este fato, pode-se ter, talvez, a melhor chave para compreender tanto seu impacto como as reações que ele provocou e continua provocando.

O papel fundamental de um concílio não é criar nada, mas, em vez, evitar desvios, esclarecer o ambiente e abrir caminhos para o futuro. Nele confluem as correntes teológicas atuantes no corpo eclesial e por meio dele ou bem recebem ânimo e livre curso, ou bem são refreadas, corrigidas e até mesmo reprimidas. Por isso, nos concílios há sempre discussões e grupos, minorias e maiorias, e tudo é decidido por meio de votações, ainda que o resultado inclua sua sanção expressa pelos bispos unidos ao papa.

No funcionamento e desenvolvimento do Concílio Vaticano II, depois de fortes tensões e duras lutas para ganhar o assentimento da assembleia, a linha renovadora — pela primeira vez, desde há muitos séculos — conseguiu impor seus direitos e até mesmo marcar a orientação geral. Isso foi o que, naquele ambiente, lhe outorgou um caráter explosivo: era como um profundo respiro depois de séculos de atmosfera rarefeita, contenção doutrinal e repressão autoritária. Algo assim como um transbordar de vivas águas por muito tempo represadas. De fato, foi, então, proclamado por João XXIII como um "novo Pentecostes" e, em geral, percebido pelos protagonistas como uma verdadeira revolução, como uma mutação histórica de projeção muito profunda.

Porém, dentro dele vinha junto a dualidade. Canalizar as correntes progressistas supunha situar a teologia numa forte encruzilhada estrutural. O que para alguns era ponto de partida, para outros parecia excessivo como ponto de chegada; com isso, as tensões, pelo fato de não serem reabsorvidas, tinham necessariamente de aumentar. Isso chegou a acontecer, por vezes de maneira muito ríspida, dentro da própria aula conciliar e em seu entorno. Foi-se acentuando mais tarde, à medida que o entusiasmo conciliar diminuía e as dificuldades, tanto na compreensão como na execução, foram emergindo com clareza. E essa é, com toda a clareza, a dura tensão ainda não resolvida: ter isso em conta permite que compreendamos, do melhor modo possível, o que hoje está em jogo. Se a isso se acrescenta a própria inércia do poder, aí incluído aquele eclesial. Permite-nos, além disso, compreender, sem cair em maniqueísmos moralizantes (os bons e os maus), mas, vendo-o, antes de tudo, como a inevitável interação de mentalidades que, em tão pouco tempo, *não podiam* superar uma situação que era produto de séculos.

Tentemos vê-lo considerando um mínimo de pormenores. Estarei primeiramente atento aos fatores subjetivos, para, em seguida, abordar aqueles objetivos.

## 2.2. As mentalidades em disputa

Os que tinham sido formados e viviam dentro da tradição escolástica estavam praticamente impossibilitados, não digamos para protagonizar a nova mentalidade, porém nem sequer para entendê-la de verdade. Tratava-se de paradigmas incompatíveis: normalmente, o que mais o novo paradigma podia fazer era se justapor àquele velho, que prosseguia constituindo a base verdadeira, a autêntica *forma mentis* dos que foram nele educados. E aqui se deve sublinhar que isto não dependia, sem mais, da vontade: ainda que, com a melhor das intenções de aceitar sinceramente os resultados do Concílio, na maioria das vezes, estes acabavam, por força, permanecendo externos e não assimilados.

O grave é que, nesse caso — coisa reconhecida muitas vezes por eles mesmos —, estavam a maior parte dos bispos que protagonizavam a assembleia e dos teólogos que os assessoravam. Empurrados pelo dinamismo conciliar — digamos também: pelo espírito conciliar —, aprovaram uma orientação que não podiam compreender a fundo nem assimilar de forma vital. E até houve aqueles, ademais, que nunca a aceitaram de todo o coração: Lefèbvre é tão somente a ponta de um profundo *iceberg* de surdas passividades, caladas resistências e ocultos ressentimentos. O tempo demonstrou o quanto estavam profundamente enraizados— e ainda estão — em amplos, e altos, escalões eclesiásticos.

Não se pode estranhar que, quando se pretende traduzir na prática as consequências dos princípios ali assentados, tenham sido encontrados, e se encontrem, com barreiras práticas ou desqualificações teóricas: os processos a teólogos, os freios aos movimentos de ação apostólica ou as limitações na reforma litúrgica poderão não ter aqui toda a explicação, porém, com toda a segurança, têm aqui o mais decisivo fundamento. Estas são, aliás, as vozes que se erguem espontaneamente quando as circunstâncias ambientais ou os ventos que sopram a partir da autoridade propiciam posturas pré- ou anticonciliares.

Pelo contrário, para aqueles que haviam promovido a renovação, o Concílio tinha, em muitos aspectos, o caráter de um ponto de partida: o ponto a partir do qual podiam ser abordados, por fim, problemas até então inacessíveis ou que, em todo caso, podiam ser estudados em um novo clima de liberdade.

Basta pensarmos no atraso de séculos que as sucessivas restaurações escolásticas haviam imposto no estilo e nas próprias abordagens teológicas, para compreender que o reconhecimento oficial da nova situação não podia recuperar, sem mais, esse atraso. O que conseguia fazer era simplesmente — e tal não era pouco! — animar a empresa, dar-lhe liberdade e abri-la para o futuro. Mas a tarefa autêntica permanecia justamente diante do Concílio.

Contava-se, é claro, com os diversos avanços que, apesar de tudo, iam sendo feitos, aos poucos. Avanços na própria teologia oficial, pois também ela havia dado seus passos, já que é impossível uma mera repetição do passado. Avanços, sobretudo, nas tentativas daqueles que sempre procuraram por novos caminhos fora da escolástica, seja no esforço especulativo, seja pelos caminhos da teologia positiva. Todavia, um mínimo de perspectiva histórica mostra que colocar em dia o *intellectus fidei*, para conseguir uma compreensão atualizada da experiência cristã, permanecia, a todo o custo, como um trabalho enorme e urgente a ser feito no futuro. De fato, é assombroso pensar que ainda em nossos dias uma pessoa tão responsável como o já falecido Cardeal Martini, em declarações que possuem algo de testamento espiritual, tenha podido afirmar que a Igreja caminha com duzentos anos de atraso.

## 2.3. A disparidade nas avaliações

Não é, portanto, casual nem responde a caprichos pessoais, senão a uma estreita inevitabilidade histórica, o fato de que, desde muito cedo, tenham aparecido na Igreja duas avaliações polarmente opostas. Para alguns, o Concílio Vaticano II constituía um ponto de chegada, tão inesperado e diferente, que lhes parecia praticamente inassimilável e que inclusive podia provocar angústia pela integridade da fé. Para outros, pelo contrário, era um ponto de partida, que lançava as pessoas a recuperar, com urgência e até mesmo com ansiedade apostólica, o muito tempo perdido. Isto foi sentido já bem próximo do acontecimento; hoje é uma evidência social. A diferença está em que a maior perspectiva histórica permite uma compreensão mais clara que deveria eliminar o aprisionamento passional no julgamento e promover a responsabilidade de uma cooperação fraternal.

É preciso, contudo, indicar algo óbvio e de suma importância: a contraposição polar até aqui analisada constitui o esquema de fundo; todavia, entre ambos os extremos existem posturas intermediárias que tornam mais complexa a situação e obscurecem o diagnóstico.

Está, antes de tudo, este fato: as assimilações a meio caminho, talvez as de maior extensão. Tais são: a mistura de paradigmas, quando a mentalidade antiga e a mentalidade moderna continuam coexistindo na mesma cabeça; a evolução desigual, por meio da qual se pode ser aberto em algumas coisas e conservador em outras; ou, mais simplesmente, o desconhecimento ou a falta de um conhecimento suficiente dos problemas. Acaba sendo natural que, em uma situação tecida por fatores tão diversos e mesmo contraditórios, se produza desorientação e perplexidade. Situação que não se reduz aos fiéis, mas que atinge também, em boa medida, os próprios teólogos e afeta inclusive as relações entre estes e a hierarquia. Aqui se enraíza um dos grandes problemas para os pastores e formadores da fé comunitária. À dificuldade de elaborar uma teologia verdadeiramente atualizada, de forma que esta venha a ser intelectualmente compreensível e assimilável de maneira vital dentro de uma cultura profundamente transformada, acaba-se somando, demasiadas vezes, um controle oficial, temeroso diante da crítica e desconfiado da renovação.[4] Os frequentes conflitos do magistério pastoral com o magistério teológico, e ainda com os movimentos cristãos de base, são disso uma prova dolorosa.

É também significativo o fato de que, entre os próprios protagonistas criadores do Concílio, alguns não tenham mais conseguido acompanhar o processo: por diversos motivos — idade, perfil, situação... — não puderam mais ir além daquilo que, durante seu esforço renovador, tinham conseguido contribuir. É, aliás, muito humano, sentir confiança quando é você mesmo quem leva à frente o avanço, e ceder ao temor quando já são outros — normalmente, mais jovens — os encarregados de dirigi-lo. Os casos de H. de Lubac, H. Urs von Balthasar e — com consequências de longo alcance — do próprio J. Ratzinger, com toda a segurança, têm aqui sua explicação. Paralelo a esses é o caso de intelectuais leigos como Jacques Maritain ou Jean Guitton.

---

[4] Cf. A. Torres Queiruga, Magisterio y teologia: los principios confrontados a los hechos: *Concilium* 345 (2012) 59-74; Id., Liberdade da teoloxía e ortodoxia oficial: *Encrucillada* 36/179 (2012) 53-68.

Finalmente, não se pode ocultar que a tendência oficial manteve sempre a propensão para uma interpretação continuísta, que aí está até hoje. Começou já com as inexplicáveis interferências de Paulo VI no andamento das discussões conciliares, impondo a famosa *nota praevia* e reservando para si temas como a regulação da natalidade ou o celibato obrigatório. E se tornou mais intensa, com uma força inesperada, nos dois últimos pontificados anteriores a Francisco. A enorme influência da Cúria Romana, que impõe sua autoridade por cima da colegialidade episcopal, na dimensão prática, e a elevação do *Catecismo da Igreja Católica* a norma e critério indiscutível até mesmo para a teologia, na dimensão teórica, constituem todo um símbolo da postura oficial e um instrumento de enorme eficácia para sua imposição.

## 2.4. A aposta de fundo

Em todo caso, a cinquenta anos de distância, fica bem claro que, no final das contas, as diferenças assinaladas não remetem a questões de meras matizações ou a discussões em torno de pormenores. A força e a transcendência do acontecimento conciliar obrigaram e continuam obrigando a um tipo de avaliação e interpretação que se refere à orientação fundamental do Concílio. A postura adotada era já então — e hoje o é sem dúvida alguma — o espelho onde se refletem as atitudes de fundo diante do modo de interpretar e viver a fé na nova circunstância cultural.[5]

Sou consciente, é claro, de que isto vale também para a presente reflexão, e, bem por isso, de que o que estou

---

[5] Para as gerações mais jovens, é muito ilustrativa e sugestiva a exposição de J. Rubio, *"Hubo una vez un concilio"*. *Carta a un joven sobre el Vaticano II*, Madrid, 2012.

expondo reflete minha aposta de fundo. Por honestidade intelectual e, principalmente, por clareza hermenêutica, eu a explico brevemente. Realizei meus estudos de teologia nos anos 1962-1966, em estreito paralelo com o desenrolar do Concílio e alimentando-me com as obras dos que foram realmente os protagonistas de sua orientação teológica. Participo, portanto, do destino — creio que de alcance rigorosamente histórico — daqueles que se formaram na transição entre a mentalidade escolástica (que era a maioria de meus professores) e a nova, quer dizer, a teologia que determinou a dimensão fundamental da caminhada conciliar. Tive, além disso, a dupla sorte de ter que estudar os textos escolásticos (as famosas sumas da BAC*) e, por outro lado, de tê-lo feito apoiado na obra de Amor Ruibal, um pensador tão genial quanto desconhecido, que realizou, segundo meu parecer, a crítica, ao mesmo tempo, mais informada e mais radical, da filosofia escolástica. Com um afiado sentido histórico, ele reconhecia seu valor: "trabalho tão grande quanto era possível na época". Porém, à diferença do diagnóstico marechaliano** e da neo-escolástica transcendental, não buscava uma síntese entre I. Kant e Santo Tomás de Aquino, mas antes, tendo-os em conta, postulava um novo começo, insistindo em que hoje

---

\* O autor alude à famosa editora BAC – Biblioteca de Autores Cristianos, fundada em 1944 com a declarada finalidade de oferecer ao público em geral um conjunto de obras fundamentais que lhe permitissem conhecer melhor as fontes do Cristianismo. [N.T.]

\*\* Alusão ao pensamento teológico do jesuíta belga Joseph Maréchal (1878-1944), docente no Instituto Superior de Filosofia da Universidade Católica de Lovaina, e que fundou uma escola de pensamento conhecida como Tomismo Transcendental, focada na união entre o pensamento tomasiano e aquele kantiano. [N.T.]

"se faz necessária uma transformação profunda na teoria do ser e do conhecer, a começar por esta última".[6]

Não tive, portanto, que fazer a dura e penosa travessia — tão clara em K. Rahner, com quem, por isso mesmo, temos uma dívida impagável — de acomodar o pensamento escolástico para abri-lo às novas correntes do pensamento.[7] Todo o meu esforço — espontâneo, a princípio, e conscientemente assumido, mais tarde — já consistiu em pensar "para a frente", a partir de uma filosofia realista, porém, decididamente pós-kantiana e dentro das novas perspectivas teológicas abertas pelo Concílio Vaticano II. Em consequência disso, meu diagnóstico de fundo coincide com o daqueles que veem o Concílio não como resposta já acabada, mas, para usar a expressão de Rahner, como "o começo do começo",[8] como entrada decidida em um caminho, onde, não obstante tudo, ainda resta muito a ser percorrido.

Fica assim enunciada aquela que poderia ser considerada minha hipótese de trabalho sobre o que deve ser "a teologia depois do Concílio". É óbvio que ela não se pode pretender infalível. Mas me parece bem fundada e

---

[6] Ver o parágrafo completo: "E ocorre que, sem demérito dos antigos mestres e de seu grande esforço quanto o que então cabia, não só não se deve voltar mais ao sincretismo incoerente e artificioso das ideias filosóficas encontradas, que repetidamente já observamos, com a não menos artificiosa e imprescindível alternativa de Platão e Aristóteles, mas que se torna necessária uma transformação profunda na teoria do ser e do conhecer, a começar por esta última" (*Los problemas fundamentales de la Filosofía y el Dogma*, t. VI, Santiago [1921], p. 636-637 (tomo IV de la nueva ed., Santiago, 2000, p. 227).

[7] Tema muito bem analisado por J. M. Castillo, La teologia después de Vaticano II, em: C. Floristán; J-J. Tamayo (eds.), *El Vaticano II, veinte años después*, Madrid, 1985, p. 137-172, especialmente, p. 139-145.

[8] K. Rahner, *El concilio, nuevo comienzo*, Barcelona, 2012 (reproduz uma famosa e precursora conferência de 1965).

em justo acordo com o sentido histórico. Ela supõe que a orientação fundamental e decisiva do Vaticano II tenha sido na direção de uma abertura que implica uma mudança radical na autocompreensão da Igreja — em si mesma e na relação com o mundo —, e, portanto, também no próprio modo de enfocar a teologia. Em suma, ela se apoia na convicção de que o propósito do Concílio ficou bem expressado pela categoria de *aggiornamento* com a qual, ao convocá-lo, João XXIII o batizou. Porque essa categoria, quando é entendida em sua verdadeira profundidade, adentrou o mundo católico em um âmbito tão radical de convicções, valores e normas práticas, que, segundo a conhecida terminologia de T. S. Kuhn, supõe um *novo paradigma*.

## 3. A orientação objetiva do Concílio

### 3.1. Abertura fundamental, com discordâncias

Isso não quer dizer, é claro, que tudo pareça ter uma única peça e que a intenção unitária tenha conseguido evitar a existência de uma forte dualidade na própria entranha do Concílio. Tendo-se em conta o processo histórico aludido, era algo inevitável. Ter conseguido que a intenção da convocatória determinasse a orientação fundamental constituiu uma difícil e impagável vitória, mas que não foi possível ser obtida sem graves compromissos.[9] De fato, cabe afirmar — as análises levam, além disso, longo tempo para serem feitas, nos diversos campos — que não existe tema importante em que, juntamente com o avanço

---

[9] Uma análise, clara e bem documentada do processo pode se ver em: D. Tolsada Peris, Recuperar el Concilio ¿por qué?, em: AA. VV., *Por una Igreja, por fin, conciliar*, Valencia, Fundación Chaminade, 2011, p. 9-46.

na orientação, não apareça algum elemento ou tendência pertencente ao antigo paradigma. Traço ainda mais acentuado pelo fato de que, por decisão expressa, a assembleia conciliar não quis dirimir questões teóricas fortemente discutidas, centrando-se no aspecto pastoral e procurando a conciliação ecumênica. Este foi o único Concílio universal que não pretendeu definir dogmaticamente nada.

Desse modo, ainda que sua alma seja claramente aberta e inovadora, sua letra oferecerá sempre alças para aqueles que quiserem defender o paradigma anterior. Somente assim se pode compreender o paradoxo de que as pessoas que tentam deter o dinamismo conciliar afirmem sinceramente estar defendendo-o. A nostalgia de uma nova restauração pode assim proceder sem má consciência ou ainda se vestir de fidelidade ao próprio movimento que, objetivamente, tende a paralisar. Não é por acaso que a resistência à renovação se apoie quase sempre nos textos introduzidos pela pressão e exigências do grupo minoritário como condição para um consenso com a orientação majoritária da aula conciliar. É difícil contornar a evidência de que, já desde o próprio início — pleno de pressões sobre o papa e de contínuos alertas e ainda acusações de heterodoxia —, se tente impor depois, pela via da autoridade, aquilo que, por meio do raciocínio, não se conseguiu no Concílio.

Aqui está, muito provavelmente, a aposta principal. Com um resultado nada fácil de resolver, porque, como já foi dito, estão em jogo opções integrais e muitíssimo profundas. Essa aposta somente pode ter uma saída legítima e frutífera por meio do diálogo. Um diálogo que exige que os interlocutores sejam livres, sem ingerências nem pressões oriundas de autoridades, e sinceros, deixando de lado, dentro do possível, os afetos subjetivos. Somente buscando com fidelidade evangélica e procurando se concentrar — como, em toda boa interpretação, diz Gadamer — na "coisa mesma", a saber, no anúncio e testemunho do Evangelho para o mundo de hoje, será possível unir forças para enfrentar a enorme tarefa que, no fundo, todos buscamos, porque a todos é comum e está diante de todos.

### 3.2. A denúncia do fracasso como *self-fulfilling prophecy*

Antes de assinalar as frentes principais em que esta nos aguarda, nunca é demais fazer referência a um grave equívoco, muito estendido desde o começo: o Concílio seria a causa de todos os males que afetam a Igreja atual. Embora sejam sobejamente conhecidas, vale a pena citar, uma vez mais, as palavras do Papa Bento XVI quando era prefeito da Congregação para a Doutrina da Fé. A clareza e contundência de sua exposição, unidas à autoridade de seu autor, delatam a enorme influência que esta visão tinha e segue tendo na política eclesiástica sobre o problema:

"Os papas e os padres conciliares esperavam uma nova unidade católica e sobreveio uma divisão tal que — nas palavras de Paulo VI — se passou da autocrítica à autodestruição. Esperava-se um novo entusiasmo, e se terminou, com demasiada frequência, no tédio e no desalento. Esperávamos um salto para diante, e nos encontramos perante um processo progressivo de decadência que se desenvolveu, em boa medida, sob o signo de um presumido 'espírito do Concílio', provocando, deste modo, seu descrédito". [...] "É preciso afirmar em linguagem simples que uma reforma real da Igreja pressupõe um decidido abandono daqueles caminhos equivocados, que conduziram a consequências indiscutivelmente negativas".[10]

Realmente, se o diagnóstico anterior, apoiado na gênese histórica da situação, tem um mínimo de acerto, estas afirmações implicam uma enorme injustiça. Em primeiro lugar, porque começam dando por suposto que a situação atual é pior que a anterior, quando o certo é que, com todos os defeitos, o clima atual é incomparavelmente mais respirável, a vida eclesial reveste, em muitos ambientes, um estilo muito mais sadio, e as possibilidades de uma encarnação autenticamente evangélica da vida de fé, tal como aparece em muitas comunidades, são muito superiores.

Em segundo lugar, não é o caso de dar vazão a um apressado *post hoc, ergo propter hoc*, "depois disto, logo por culpa disto", confundindo as causas e os efeitos: depois de uma longa repressão das energias e da consequente censura das iniciativas teológicas e pastorais, é claro que os exageros e transbordamentos ocorridos na sequência de um novo espírito de liberdade não são, sem mais, culpa de quem busca a normalidade, mas antes da situação objetiva que a esteve impedindo. A ruptura de um dique e, muitas vezes, sua abertura controlada não podem evitar inundações e torrentes que escapam ao controle. Como bem sabia Newman, e com diferente intenção repetem outros, os Concílios sempre provocaram inquietações, reajustes e, até mesmo, conflitos: estes não podiam, portanto, estar ausentes em um concílio como o Vaticano II, que tocou em pontos tão candentes e importantes de uma Igreja em crise

---

[10] J. Ratzinger, *Informe sobre la fe*, Madrid 1985, p. 36; mas para ver a que grau de incrível violência intelectual se pode chegar, basta ver: B. Gherardini, *Concilio Vaticano II. Il discorso mancato*, Torino, 2011.

e de um mundo em profunda mutação. Culpar, por isso, o impulso conciliar equivaleria — na Espanha, por exemplo, todos o sabem muito bem — a culpar a democracia pelas perturbações quando se tenta restabelecer a normalidade após um regime autoritário.

Justamente porque as perturbações são inevitáveis, e supõem por si mesmas um difícil desafio, o que se pede é que unam as forças para buscar o caminho e não se renunciar ao avanço: à "conversão". Colocar obstáculos só contribui para que se aumente a dificuldade e, às vezes, se torne impossível a saída. Proclamar, então, o fracasso e culpar pelos erros àqueles tentam abrir novos caminhos é o mesmo que incorrer na falácia da *self-fulfilling prophecy*, a saber, a triste e injusta profecia que se autocumpre porque previamente tornou impossível a descoberta da solução. João XXIII já tinha alertado, em verdadeira profecia, contra os "profetas de calamidades".

Finalmente, não é difícil ver que, como com sua costumeira fineza já mostrara Juan Martín Velasco, no final, a acusação pode acabar se voltando contra os acusadores. Vale a pena expressá-lo transcrevendo suas próprias palavras, porque elas nos poupam de qualquer comentário:

> Não é, em vez disso, verdade que, mais de 30 anos depois da reorientação imposta na interpretação e na aplicação do Concílio, a Igreja está muito longe de mostrar o rosto extraordinariamente atraente que se augurava que conseguisse mostrar? À vista de tais augúrios tão promissores, e dos mais de 30 anos que passaram desde os primórdios da proposta do projeto de nova evangelização, que foi feito desses augúrios e desses projetos? Porque está claro que as mesmas constatações que o Cardeal Ratzinger fazia a propósito das consequências das, segundo ele,

desviadas interpretações do Vaticano II, nós as podemos, nós as temos de fazer hoje, mais de 30 anos depois que começou a ser imposta a nova interpretação do Concílio e a serem anunciados esses augúrios que tanto prometiam sobre seus resultados.[11]

---

[11] Fidelidad al Vaticano 2º en el siglo XXI, em: AA. VV., *Por una Igreja, por fin, conciliar*, cit., p. 281-318, em p. 293.

# Capítulo II
## A autonomia do mundo como núcleo central e determinante

Se algo fica claro à luz de tudo isso, é a enorme complexidade de uma situação, sem contornos definidos e com enorme quantidade de fatores em jogo. O perigo teórico é, então, cair na imediatez das distinções e das discussões, assim como o prático está em atender somente aos remédios ocasionais conforme vão surgindo os problemas. Atender o imediato é, em grande medida, inevitável, e até mesmo convém reconhecer seus frutos. Mas, para um trabalho orgânico, que evite a dispersão e possa articular os esforços, é necessário ir até o fundo, procurando localizar, no que for possível, a raiz mais íntima, o núcleo mais determinante da nova situação.[1]

## 1. A autonomia como chave radical

### 1.1. A proclamação conciliar

Não é fácil nem poderemos estar, sem mais, seguros do acerto. Porém, é preciso tentá-lo, e creio que, no próprio Concílio, há um texto que aponta, com particular

---

[1] Uma boa análise da problemática hermenêutica do Concílio está no número monográfico Le Vatican II en débat, *Recherches de Science Religieuse* 1010/1 (2012), com trabalhos de G. Ruggieri, P. Hünermann, G. Routier y Chr. Theobald.

energia e solenidade, na direção justa: a autonomia da criação. Ele se refere com isso à nova consciência de que o que sucede no funcionamento normal do mundo, tanto na natureza como na história, obedece a leis intrínsecas ao mesmo, sem que, a esse nível — a saber, sem negar sua relação fundante com a transcendência divina —, devam ser buscadas causas extramundanas, sejam elas divinas (para o bem) ou demoníacas (para o mal).

Isto está presente na *Gaudium et Spes* (n. 36), isto é, na Constituição que se preocupou de modo mais explícito em conseguir que a Igreja buscasse entrar em sintonia com as profundas inquietações e as justas exigências presentes no mundo atual. Mas não o faz sem constatar a existência e a gravidade do problema, por causa das resistências provocadas por sérios equívocos históricos: "Muitos de nossos contemporâneos parecem temer que, por uma excessivamente estreita vinculação entre a atividade humana e a religião, a autonomia do ser humano, da sociedade ou da ciência sofra entraves".

Em seguida, uma vez tendo sido sublinhado o problema, reconhece tanto a justiça cultural da exigência como sua legitimidade teológica, e assinala o âmbito universal de sua extensão não apenas às "coisas criadas" como também à "sociedade mesma" e, por conseguinte, proclama a necessidade rigorosa de atendê-la "em todos os campos do saber", chegando a "deplorar" como perniciosas para a fé as atitudes contrárias:

> Se por autonomia das realidades terrenas se entende que as coisas criadas e as próprias sociedades têm leis e valores próprios, que o homem irá gradualmente descobrindo, utilizando e organizando, é perfeitamente legítimo exigir tal autonomia. Para além de ser uma exigência

dos homens do nosso tempo, trata-se de algo inteiramente de acordo com a vontade do Criador. Pois, em virtude do próprio fato da criação, todas as coisas possuem consistência, verdade, bondade e leis próprias, que o homem deve respeitar, reconhecendo os métodos peculiares de cada ciência e arte. Por esta razão, a investigação metódica em todos os campos do saber, quando levada a cabo de um modo verdadeiramente científico e segundo as normas morais, nunca será realmente oposta à fé, já que as realidades profanas e as da fé têm origem no mesmo Deus. Antes, quem se esforça com humildade e constância por perscrutar os segredos da natureza é, mesmo quando disso não tem consciência, como que conduzido pela mão de Deus, o qual sustenta as coisas e as faz ser o que são. Seja permitido, por isso, deplorar certas atitudes de espírito que não faltaram entre os mesmos cristãos, por não reconhecerem suficientemente a legítima autonomia da ciência e que, pelas disputas e controvérsias a que deram origem, levaram muitos espíritos a pensar que a fé e a ciência eram incompatíveis.

Contra as afirmações de otimismo ingênuo — muitas vezes injustificadas — por parte desta Constituição, o Concílio sublinha com clareza o ponto nevrálgico onde é preciso situar com absoluto cuidado a justa articulação teológica da nova situação:

> Se, porém, com as palavras "autonomia das realidades temporais" se entende que as criaturas não dependem de Deus e que o ser humano pode usar delas sem as ordenar ao Criador, ninguém que acredite em Deus deixa de ver a falsidade de tais asserções. Pois, sem o Criador, a criatura não subsiste.

Realmente, seria difícil pedir maior clareza tanto no definir a questão como no assinalar o caminho por onde há de ser buscada a solução. Isto é tão importante, que vale a pena confirmá-lo com as palavras igualmente claras e enérgicas com que, pouco depois, o comentou Paulo VI:

> Todos conhecem a posição nova da Igreja diante das realidades terrestres. Estas realidades têm uma natureza dotada de uma ordem que, no marco da criação, possui categoria de "fim", embora esteja subordinada ao fim da redenção. O mundo, em si mesmo, é profano. Separou-se da concepção unitária da cristandade medieval. É soberano em seu próprio terreno, o qual recobre todo o cosmo. A concepção nova é extraordinariamente importante no plano da prática: a Igreja aceita reconhecer o mundo como tal, ou seja, livre, autônomo, soberano e, em certo sentido, eficiente em si mesmo. A Igreja não procura fazer dele um instrumento para seus fins religiosos, e menos ainda para exercer um poder de ordem temporal.[2]

Na realidade, ainda que não chegue a usar esta categoria — e até mesmo, talvez, sem pensar nela —, esta é a exigência que pulsa na chamada de João XXIII para o *aggiornamento*. Seu sentido foi muito bem explicitado no discurso inaugural *Gaudet mater Ecclesia*, que G. Alberigo não hesita em qualificar como "o ato mais relevante do pontificado de João XXIII e, provavelmente, um dos mais comprometidos e significativos da Igreja católica na Idade Contemporânea".[3] Trata-se de se "colocar em dia", assegurando, ao mesmo tempo, a permanência da doutrina fundamental — a intrínseca relação com o Deus criador — e a necessidade de fazê-lo "em consonância com os métodos

---

[2]   Audiência de 23 de abril de 1965; apud J. M. Rovira Velloso, Significación histórica del Vaticano II, em: C. Floristán; J. J. Tamayo (eds.), *El Vaticano II, veinte años después*, cit., 17-46, em p. 31.

[3]   *Breve historia del Concilio Vaticano II (1959-1965)*, Salamanca, 2005, 49.

da investigação e com a expressão literária que exigem os métodos atuais", distinguindo entre "as verdades que contêm nossa verdadeira doutrina" e "a maneira como esta se expressa" (n. 14), "tendo em conta os desvios, as exigências e as possibilidades da Idade Moderna" (n. 2).[4]

## 1.2. A autonomia na raiz do "desencantamento" e a "secularização"

Deve-se insistir no último ponto: a Idade Moderna. Porque as discussões mais pormenorizadas, marcadas pelas mudanças recentes ocorridas sob o signo do "pós-" — pós-modernidade, pós-cristianismo... —, podem ocultar o desafio verdadeiramente radical. Radical inclusive para a cultura em geral e, principalmente – que é o que nos interessa aqui mais diretamente –, para a teologia, pois esta possui aqui sua grande tarefa pendente.

Quem tiver sensibilidade para o dramático atraso no qual o desajuste produzido pela modernidade colocou o *intellectus fidei*, compreenderá que, para além de um *slogan*, a chamada anunciava realmente um enorme programa. Este constitui, na realidade, o mais extenso e decisivo desafio que necessita ser enfrentado, caso não se pretenda continuar debatendo problemas pela metade e na defensiva. Nas palavras de Karl Barth, "sempre um pouco atrás de seu tempo", "sempre um pouco superada e antiquada (*altmodisch*)".[5]

---

[4] Cito pela tradução da BAC, Madrid, 1968, 1029; o texto latino diz "*nostrae aetatis*".

[5] K. Barth, *Die protestantishe Theologie im 19. Jahrhundert*, 3. ed. Zürich, 1960, p. 115.

Que a modernidade tenha colocado a teologia diante de uma alternativa radical é uma evidência reconhecida por todos. A filosofia, as ciências físicas, sociais e humanas, o espírito democrático, os movimentos de libertação, o sentido histórico, a capacidade crítica e autocrítica constituem uma herança que a teologia não pode ignorar nem dela se descuidar em sua tarefa essencial de articular intrinsecamente a criação e a salvação. Essa herança contém aspectos fundamentais, que hoje supõem um avanço indiscutível e irreversível na cultura humana. Hegel admoestou-nos com razão de que uma fé que se oponha a eles já proclamou sua derrota,[6] e Kant já nos tinha alertado disso muito antes, com especial energia, no prólogo da segunda edição da *Crítica da razão pura*. Não se trata, como é óbvio, de ignorar a advertência paulina, acomodando-se ingenuamente às "aparências deste mundo", mas antes de uma estrita fidelidade a uma Palavra que exige ser viva e atuante em cada tempo, em cada cultura e em cada lugar. O que é urgente é fazer o possível para acolhê-la criticamente, tendo certamente em conta tanto suas "exigências" como seus "desvios", aprendendo a ler o que nela existe de autêntica e irrenunciável "profecia externa", que a leve a uma redescoberta mais fecunda das próprias raízes evangélicas.

Por isso, prefiro não entrar nas disputas gerais acerca do significado histórico-cultural da mudança cultural introduzida pela modernidade. Ligando-me à problemática estritamente religiosa, insisto no conceito de *autonomia* e não, por exemplo, no de "desencantamento"

---

[6] Cf. *Glauben und Wissen* (1802), ed. Suhrkamp, Werke 2, p. 287-433.

(*Entzauberung*), de Max Weber, ou no de "secularização", de alguns filósofos e teólogos. Não por recusá-los sem mais, mas antes porque tais termos, com suas correspondentes análises, já representam interpretações concretas do primeiro, que é sua verdadeira e indiscutida raiz comum. Desse modo, fica mais fácil preservar a genuína intenção teológica da reflexão, sem que isso nos impeça de aproveitar as contribuições que chegam das outras categorias. Falar de autonomia deixa, com efeito, a descoberto, a estrutura fundamental e específica da questão religiosa: a articulação do mundo, em sua realidade e funcionamento autônomo, com Deus, como o fundamento transcendente de seu ser e de seu dinamismo.

Repensar essa relação, procurando manter, a um só tempo, o reconhecimento e o respeito de ambos os extremos — Deus-mundo —, representa hoje a grande tarefa da teologia. Atrevo-me a pensar que, perante ela, são derivadas e mesmo secundárias todas as demais questões, porque, no final das contas, consistem em encontrar a maneira justa de interpretá-la e de vivê-la. Tarefa evidente como chamada, quando se compreende a magnitude da mudança cultural; porém, por isso mesmo, nada fácil de realizar em todas as suas consequências, porque, tanto os conceitos fundamentais da teologia como os hábitos da piedade e as iniciativas da práxis foram forjados numa cultura anterior a essa descoberta. Disso falam precisamente todas as abordagens sociológicas, filosóficas e teológicas acerca do desencantamento do mundo e da secularização da cultura. Em todos eles, lateja a consciência da incapacidade daqueles hábitos, iniciativas e conceitos para enfrentar os interrogantes e os desafios da nova situação. Rudolf

Bultmann expressou-o com uma crueza bem gráfica: "não se pode usar a luz elétrica e o aparelho de rádio ou se servir, nas enfermidades, dos modernos meios clínicos e medicinais, e, ao mesmo tempo, crer no mundo de espíritos e milagres do Novo Testamento".[7] A discussão em torno de seus possíveis exageros não deveria ocultar a justiça e a correção fundamental de seu diagnóstico, que deixa bem às claras o ponto onde reside o equilíbrio que pode decidir a aposta fundamental: por um lado, a necessidade de respeitar a autonomia do mundo, superando uma mentalidade teológica e alguns hábitos religiosos que continuam mantendo restos maciços de um contínuo intervencionismo divino nos processos naturais; e, por outro, mostrar que a renúncia ao intervencionismo não significa cair no ateísmo ou, pior, na assombrosa proclamação teológica da "morte de Deus", nem tampouco retroceder para a imagem de um "deus" deisticamente distante e passivo, ou ao cúmulo de um intervencionismo intermitente. A teologia tem a obrigação — estrita e com alcance epocal — de recuperar a experiência bíblica, a qual, em que pesem as muitas expressões culturalmente condicionadas, abre-se rumo ao mistério de um Deus que respeita sua criação e promove a responsabilidade do ser humano no mundo e na história, porém, que, por isso mesmo, é presença sempre viva e amor incansavelmente ativo.

Seja como for, o próprio Concílio, de maneira especial na constituição *Gaudium et spes*, mostra que, juntamente com esse núcleo central, convém colocar duas dimensões que, em boa medida, dependem dele, o envolvem

---

[7] Neues Testament und Mythologie, em: *Kerygma und Mythos* (hrsg. von H.W. Bartsch), Hamburg, 1948, p. 18; cf. Zum Problem der Entmythologisierung, Tübingen, en *Glauben und Verstehen IV*, 1967, p. 28-137.

e o explicitam. A primeira, o sentido histórico, que, em suma, é o que fez sentir a exigência do *aggiornamento*, mostrando sua necessidade, e, também, sua legitimidade e sua possibilidade de realização. Em segundo lugar, a mundialização não apenas da cultura, mas sim da vida da convivência; também das religiões. Na realidade, o Vaticano II constitui em si mesmo uma prova evidente de ambas as dimensões e, por isso, aparece como o mais universal e o mais — inclusive, o único — consciente da intrínseca historicidade da revelação e de suas interpretações.

## 2. O novo horizonte a partir da autonomia

A amplitude e novidade do assim brevemente insinuado mostram quão gigantesca é a tarefa. Nela se abrem duas possibilidades. Uma mais formal: tentar descrever um panorama das diferentes correntes pós-conciliares e, talvez, dos principais autores. Outra mais de conteúdo, com duas vertentes: a primeira, sublinhar as condições globais do novo enfrentamento; a segunda, detectar os temas e problemas principais que aguardam concretamente o trabalho teológico. Sobre a primeira opção, de caráter formal, existem numerosos estudos,[8] e a verdade é que nela não me sinto em condições de contribuir com algo verdadeiramente relevante.[9] Por isso optei pela que está centrada no conteúdo, que, por outra parte, parece mais

---

[8] Desde os já clássicos, como o de R. Gibellini, ao mais recente *The Modern Theologians. An Introduction to Christian Theology since 1918*, 3. ed. Blackwell, ed. by D. E. Ford with R. Muers, 2005 (neste contexto, merece especial atenção: P. D. Murray, *Roman Catholic Theology after Vatican II*, p. 265-286).

[9] Tentei algo assim em seu momento, aos vinte anos do Concílio, limitando-me ao tema da Cristologia: La cristología después del Vaticano II, em: C. Floristán; J. J. Tamayo (eds.), *El Vaticano II, veinte años después*, cit., p. 173-200.

fecunda como contribuição para a tarefa comum. Este item se ocupa da primeira de suas duas vertentes.

## 2.1. O novo lugar da Igreja e a teologia

Apoiar-se na centralidade da "autonomia" permite que aproveitemos o fruto das análises que a interpretam como "desencantamento" e "secularização". Eu os tomarei como guia, começando pela segunda.

Nascida inicialmente a partir do mundo jurídico, a secularização alude à independência obtida pelos âmbitos da realidade que estavam sob o domínio da Igreja ou da religião, e que agora se tornam autônomos. O primeiro impulso veio talvez da política, porém, pouco a pouco se foi estendendo aos diversos âmbitos culturais, da filosofia às ciências, tanto as físicas como as sociais e as psicológicas. De início, a partir da religião, isso foi sentido como uma perda e, de sua parte, as novas iniciativas nem sempre evitaram usar de agressividade e ainda de espírito invasivo. O tempo transcorrido permite hoje maior serenidade, abrindo uma perspectiva que supere o espírito polêmico e mostre o justo significado de um processo que, na realidade, se enquadra com toda normalidade no fenômeno mais amplo da diferenciação cultural.

Durante muito tempo, a religião pôde, de algum modo, englobar tudo; e a Igreja se considerava sua representante oficial. Tendo fundado as universidades, e detendo um amplo poder institucional, ela tendia a se considerar árbitro autorizado tanto do saber teórico como da regulação da vida prática, da moral à política. Não é fácil realizar hoje um correto balanço dos danos e dos benefícios que esse estádio significou para a humanidade. Creio que, apesar de tudo, uma visão desapaixonada da história mostra que os segundos superaram em muito aos primeiros. Porém, em qualquer caso, o certo é que essa etapa terminou. Prolongá-la era impossível, e ter se empenhado em fazê-lo causou danos graves e indiscutíveis.

Os conflitos teóricos com a ciência e os práticos com o problema dos Estados Pontifícios são exemplos muito bem conhecidos. Porém, por isso mesmo servem como exemplo excelente para ver com toda clareza o verdadeiro sentido da nova situação e seu alcance para a justa determinação do lugar da religião. O que parecia uma perda nefasta demonstrou ser um ganho indiscutível. A autonomização desses âmbitos se converteu para a Igreja em uma enorme libertação, que lhe permite se concentrar de verdade em sua missão e a impele a repensar de um modo novo sua própria identidade. O reconhecimento conciliar da autonomia da criação, ao proclamá-la em toda a sua amplitude — recorde-se: "as coisas criadas e a sociedade mesma" —, mostra que se trata de um chamado à reubicação global: a religião, renunciando ao domínio de âmbitos que não mais lhe pertencem, se torna radicalmente liberada para ser ela mesma e, assim, concentrar-se em sua missão específica.

Creio que a mesma dinâmica do Concílio e, de uma maneira muito especial, sua decisão de ser um concílio "pastoral" implicam um reconhecimento da aposta decisiva que aqui se anuncia. O que convém é tirar suas consequências e aproveitar as novas possibilidades.

A primeira consequência é justamente a necessidade de ser consequentes, concentrando-se no que lhe é próprio e analisando, com muito cuidado, todos os resquícios de "preocupação indevida" com o alheio. Algo cuja necessidade e cuja delicadeza podem vir a ser decisivas nas regiões de fronteira onde as ciências roçam hoje com questões religiosas; tais podem ser as surgidas na nova cosmologia, com suas referências à criação, ou na nova biologia, em sua relação com a moral. E, indo talvez mais a fundo, no problema de importância literalmente transcendental do justo reconhecimento da autonomia da moral na hora de determinar seus conteúdos e de precisar sua relação com a experiência religiosa. A moralização da religião, identificando sem mais moral e religião, constitui um dos mais graves problemas, que está sendo causa de um número incalculável de abandonos e que espera com urgência uma cuidadosa distinção de níveis.

A segunda se funda em que a renúncia ao indevido cria também o direito a reivindicar o que é devido: o respeito religioso diante da autonomia do secular mostra e fundamenta o direito a exigir idêntico respeito secular diante da autonomia do religioso. Importante, porque hoje as relações se inverteram de maneira drástica. Basta pensar em como o êxito nos avanços das ciências, legítimos e frutíferos em seu campo, fez com que muitos cientistas extrapolem seus métodos para o campo religioso e tirem, sem nenhum constrangimento, conclusões assombrosamente distantes de sua competência. A dura lição que a Igreja teve de suportar em casos como os de Galileu ou Darwin, poderia ser um saudável alerta para incursões como as de Richard Dawking, ou até mesmo, apesar de sua maior estatura, de Bertrand Russell. Contribuir, sem espírito de desforra, mas como oferecimento compartilhado de uma lição tirada da própria história, pode ser hoje um imenso serviço à cultura e à causa humana em geral.

A terceira consequência aponta para uma possibilidade aparentemente paradoxal: o fato de que o recentramento no próprio campo, longe de diminuir o espaço da ação religiosa, o amplia totalmente, tornando-o transversal a toda a realidade. Porque, ao não invadir as competências alheias, se mostra unicamente como uma perspectiva específica, atenta a revelar a dimensão transcendente de todas as coisas e atividades. Seu caráter transcendente faz com que, em princípio, e mantendo-se fiel a sua missão, o religioso não ocupe um lugar exclusivo e delimitado, que concorra com qualquer outra ocupação humana. Por essência, a religião é chamada a ser oferta gratuita, anunciando a possibilidade de acolher uma dimensão que ela crê e aceita como enriquecimento do que é comum e humano.

Curiosamente, já no século II, a Epístola a Diogneto soube expressar esta peculiar relação: justamente porque "não habitam cidades exclusivamente suas", eles podem residir em todas as demais "como a alma no corpo", de sorte que "todo país estrangeiro é sua pátria, e toda pátria lhes é estranha".[10] Quando acerta, sendo fiel a si mesma, a religião pode se oferecer como "luz que ilumina a toda pessoa que vem a este mundo", sempre que esta a reconheça como tal e queira livremente acolhê-la. Também aqui o Concílio, bem apoiado pela figura humilde, fraterna e luminosa do Papa João, mostrou que esta possibilidade não tem porque ser mera utopia. É certo que o brilho inicial foi duramente eclipsado pela consequente prosa da vida, pelo desencanto da cultura geral após a revolução de 1968 e, principalmente, pelos desacertos eclesiásticos na gestão posterior da herança conciliar. Contudo, não deixa de constituir um relâmpago luminoso que, como uma dessas "epifanias" de que fala Joyce, abriu na consciência

---

[10] Vale a pena repassar integralmente os caps. V-VI.

humana perspectivas e esperanças que não serão apagadas da história.

Finalmente, a quarta consequência constitui, na realidade, a fonte e culminação das demais. Descobrindo-se como uma dimensão específica dentro do pluralismo que se originou da divisão cultural, a religião é impelida a percorrer de novo sua intencionalidade originária (em termos escolásticos, teríamos que dizer: seu "objeto formal"). E essa intencionalidade é, evidentemente, determinada por Deus. E isso, tendo em vista a profundidade da mudança cultural, implica a necessidade de repensar bem a fundo a ideia e as imagens que, de seu mistério, nos fazemos. O nascimento do ateísmo como fenômeno de massa, ainda em crescimento, demonstra a urgência e, mais ainda, a seriedade mortal da aposta. Creio que nos é difícil perceber um eco preocupado e também doloroso desta necessidade em algumas palavras do Concílio que sempre me impressionaram:

> nesta gênese do ateísmo podem ter parte não pequena os próprios crentes, enquanto, com o descuido da educação religiosa, ou com a exposição inadequada da doutrina, ou até mesmo graças aos defeitos de sua vida religiosa, moral e social, mais velaram do que revelaram o genuíno rosto de Deus e da religião (GS 19).

Quando são levadas a sério as enormes e devastadoras consequências do fenômeno e se pensa que, na imensa maioria dos casos, o que se está recusando não é a realidade de Deus, mas sim a imagem que os cristãos — e, em seu caso, as demais religiões — oferecemos de seu mistério, acaba sendo inegável que está aqui a resposta decisiva. E se compreende igualmente que, na intenção de remediar isso no que for possível, já não valem arranjos superficiais nem acomodações fixadas em pormenores. O que se impõe é um repensamento radical, tentando assinalar os novos "lugares" ou a autêntica perspectiva de onde se pode encontrar a Deus depois da radical reconfiguração do espaço cultural na modernidade. No fundo, intuiu-se assim já no emergir mesmo do problema com o princípio *etsi Deus non daretur*, pensar e proceder "como se Deus não existisse" (luminoso, se bem interpretado; deletério, em suas versões superficiais, reduzidas a chavões). A teologia atual traz dentro de si essa preocupação e até mesmo a cravou no ambiente, como se pode ver no impacto que, tornando-se eco renovado daquele princípio, causou Dietrich Bonhöffer com sua proclamação da necessidade de uma "interpretação secular dos conceitos evangélicos"; necessidade que, numa tradução mais vulgar, se converteu no alerta contra o "deus tapa-buracos". Em idêntica direção segue a ideia, divulgada por Jean-Luc Marion, de não converter a ideia de Deus em "ídolo", que o objetiva e circunscreve mundanamente, mas antes em "ícone", que o abre rumo à infinita gratuidade de seu mistério.

Mas tudo isso precisa uma retradução das ideias e atitudes. De nada vale proclamar a abertura do ícone, se depois continuam sendo repetidos conceitos que talvez tenham sido legítimos em outros tempos e culturas, mas que hoje reproduzem a imagem idolátrica de um deus intervencionista e milagroso, a quem é preciso convencer para que intervenha, a quem as pessoas continuam atribuindo — por envio direto ou permissão indireta — males que poderiam ser evitados; um deus que escolhe a alguns — povos, religiões ou indivíduos — discriminando a outros, que se continua impondo com a promessa de prêmios ou a ameaça de castigos; um deus cujo anúncio aparece por demais administrado e circunscrito às paredes de uma Igreja que, em um mundo democrático, resiste em ser um governo de verdadeira comunhão e humilde serviço, que apesar do "bem-aventurados os pobres" nunca é radicalmente apresentado como Deus incondicionalmente ao lado dos fracos contra a injustiça e a exploração dos ricos...

## 2.2. O novo horizonte hermenêutico

As últimas observações indicam que a determinação do lugar abre o segundo passo: encontrar o modo de realizar a reconfiguração. Em princípio, tentar esta tarefa não deveria encontrar resistências, pois a concepção bíblica de Deus se caracteriza por sua radical historicidade, com uma longa evolução, desde o henoteísmo dos patriarcas até o monoteísmo pós-exílico e a universalização neotestamentária. Concretamente, sua tradução, iniciada no judaísmo e completada no cristianismo, ao universo cultural do helenismo mostra a enorme flexibilidade e o amplíssimo raio que a reconfiguração pode atingir. Se esta tradução supôs, de algum modo, o amadurecimento da revolução cultural acontecida no "tempo axial", nada deveria impedir, ou seja, tudo em vez parece indicar que algo parecido se apresenta após a revolução moderna (que, justamente, Karl Jaspers comparava com aquela).

A imagem bíblica de Deus, que atingiu sua culminação definitiva na pregação e na vida de Jesus de Nazaré, continua sendo o critério fundamental e, ultimamente, decisivo, não mais superável. Todavia, agora é preciso realizar o mandato conciliar *aggiornando* sua imagem no novo paradigma cultural. Tarefa imensa, repito, que, de fato, está em marcha — seguramente mais do que parece—, embora seja com estilo múltiplo e com ritmos desiguais, na comunidade da Igreja e no trabalho da teologia. Interessa, por isso mesmo, ir fazendo convergir os esforços, buscando certa orientação comum, individuando aqueles fatores que influenciam de modo mais decisivo na configuração do horizonte hermenêutico dentro do qual deve se realizar.

Assim podemos compreender que ninguém tenha ainda a chave ou as chaves decisivas. Aventurar-se aqui a dar uma palavra, exprime unicamente o desejo de contribuir com a busca. Tal é a intenção que, se, por um lado, tem guiado até agora a exposição, torna-se mais explícita e intensa a partir deste momento. Em qualquer caso, o que antes de tudo interessa é contribuir para uma inteligibilidade mais unificada, assinalando os vetores que, no meu parecer, são, se não os mais importantes, ao menos uns dos que merecem destaque na configuração do atual horizonte hermenêutico.

Neste sentido, Mircea Eliade insistia em que, para interpretar de maneira viva e coerente uma religião, é preciso descobrir o centro irradiante que funda e explica suas diversas manifestações. Tal sucede no budismo, com a experiência do sofrimento e a busca de sua superação. Se no item anterior tomei como guia o conceito de secularização, agora vou procurar me orientar com o de "desencantamento", aproveitando o que ele pode ter de ajuda purificadora com relação a toda objetivação idolátrica. Não me resignando, é óbvio, à pura negatividade em que Max Weber tendeu a encerrá-lo, mas antes buscando interpretar positivamente o espaço assim aberto. Com efeito, uma vez bem entendido, este conceito propicia uma visão da autonomia da criatura que, se for respeitada em seu adequado nível, abre-se de maneira mais límpida para a transcendência fundante do Criador.

E, justamente, creio que o conceito bíblico de criação — de *criação por amor* —, raiz última do desencantamento ao reservar somente a Deus a divindade, remete à experiência radical que constitui o centro mais luminoso e irradiante, que pode tornar hoje vivenciável e compreensível o cristianismo. Algo que, por certo, responde à dinâmica mais genuína do Concílio, que, no n. 2 da *Gaudium et spes* revela, de modo explícito, sua intenção ao falar de "criação a partir do amor" (*ex amore*) e não "a partir do nada" (*ex nihilo*). Não, é claro, porque pretenda negar este segundo, mas antes porque a primeira expressão remonta melhor à verdade última do "mundo em que creem os cristãos".[11] E mais adiante, no n. 19, afirma igualmente: "É desde o começo da sua existência que o homem é convidado a dialogar com Deus: pois, se existe, é só porque, criado por Deus por amor (*ex amore*), é por ele por amor

---

[11] "Mundum... quem christifideles credunt ex amore Creatoris conditum et conservatum". M. García Doncel o fez notar com acerto: "Pelos documentos de elaboração desse texto conciliar pode-se saber que esse '*ex amore*' foi mantido intencionalmente pela comissão de redação, indicando que hoje é mais urgente recordar essa motivação amorosa do mundo que recordar que foi criado '*ex nihilo*'". E a nota esclarece: "Segundo os documentos do Concílio, este texto (introduzido na 'versão b' de finais de junho de 1965 e modificado na 'versão c' de princípios de novembro) quis ser ainda modificado, pois 'um Padre [conciliar] pede que se acrescente a expressão '*ex nihilo conditus*'. Mas a comissão de redação, ao apresentar a versão que será definitivamente aprovada no final de novembro, respondeu: 'Isto não parece necessário'" (Temas actuales del diálogo Teologia-Ciencias, em: Instituto Teológico Compostelano, *Fe en Dios y Ciencia Actual*. III Jornadas de Teologia, Santiago de Compostela, 2002, p. 201-229, em p. 212-213). Cf., mais amplamente, A. Arteaga, "Creatio ex Amore". Hacia una consideración teológica del misterio de la creación en el Concilio Vaticano II. *Anales de la Facultad de Teologia* (Chile) 46 (1995), especialmente 25-38 e 39-47; S. del Cura Elena, Creación ex nihilo como creación ex amore: su arraigo y consistencia en el misterio trinitario de Dios. *Estudios Trinitarios* 38 (2004) 55-130, esp. p. 80-86.

constantemente conservado; nem pode viver plenamente segundo a verdade, se não reconhecer livremente esse amor e se entregar ao seu Criador".[12]

Não considero seguro afirmar que, a partir deste princípio e em torno dele — que implica a absoluta vontade salvadora de um amor universal e infinitamente transitivo —, possam, e talvez devam, ser articuladas todas as demais grandes verdades. E fazendo-o de tal modo que, de sua luz, recebam o significado fundamental, ao mesmo tempo em que ajudem a compreendê-lo de forma cada vez mais profunda e consequente. Na realidade, penso que este conceito deveria ser convertido no critério decisivo para determinar a verdade de toda afirmação teológica: verdadeira enquanto o explica e o confirma; falsa, em caso contrário.

Porém, como experiência radical, a criação por amor necessita ser captada e interpretada em seu correto significado. Em outras palavras, necessita uma gnosiologia adequada que, apoiando-se nessa "máxima identidade na máxima diferença" a que remete a criação, sem que jamais possamos assimilá-la completamente a nenhuma outra experiência mundana, permita mostrar a possibilidade da revelação. Uma revelação que, reconhecendo-se manifestação divina livre, gratuita e transcendente, respeite a justa autonomia da subjetividade humana, de sorte que deixe de ser vista como uma irrupção puramente extrínseca e

---

[12] A tradução é minha, um tanto literal, porque o texto latino é difícil e facilmente se perde seu vigor: "Ad colloquium cum Deo iam inde ab ortu suo invitatur homo: non enim exsistit, nisi quia, a Deo ex amore creatus, semper ex amore conservatur; nec plene secundum veritatem vivit, nisi amorem illum libere agnoscat et Creatori suo se committat".

milagrosa, apoiada na nua autoridade e sem possibilidade de algum tipo de verificação.

Restam ainda dois vetores que, embora não sejam tão fundamentais, apenas claramente derivados, revestem hoje especial importância para a credibilidade do anúncio cristão. O primeiro se refere à Igreja como instituição que assume o papel de preservar e tornar presente essa revelação na história, anunciando, explicitando e tornando visível, de algum modo, a fecundidade da experiência religiosa. Todo seu ser deverá configurar-se a serviço dessa missão, aproveitando-se dos meios que a experiência social humana, em seu funcionamento autônomo, foi descobrindo como os mais eficazes e adequados. Nesse sentido, em sua institucionalização visível, a Igreja não pode ter credibilidade se insiste em manter estilos de trato e modos de governo que não mais respondem a uma sociedade marcada pela conquista irrenunciável da participação democrática. O Concílio disse coisas importantes a esse respeito e, sobretudo, o mandato originário de sua fundação evangélica oferece aqui possibilidades claras e muito radicais.

O outro vetor, mais evidente, se refere ao contexto mundial, de raio universal, como nunca havia sido possível até agora, em que devem ser situados o ser e o anúncio da Igreja. O diálogo com as demais religiões, buscando, por um lado, o encontro e a colaboração com elas a partir do Deus que a todos quer se revelar com idêntico amor, e, por outro, a abertura ao mundo, comungando com "os prazeres e as esperanças" de todos os humanos, são os dois capítulos decisivos. Também neste ponto deu exemplo o Concílio, e, apesar das inevitáveis timidezes iniciais, o fez com um propósito abertamente novo com respeito a todos os anteriores. E isso faz com que seja prolongado com esse "coração amplo", quer dizer, com essa *macrozymía* que São Paulo atribui à caridade.

# Capítulo III
## Os grandes temas da teologia pós-conciliar

té este ponto a reflexão se moveu em um nível decididamente formal, tentando delimitar o espaço e configurar o estilo em que a teologia atual parece ser chamada a se mover no modo de enfrentar os diversos problemas. Na realidade, aqui poderia, e talvez devesse, acabar a exposição. Apesar disso, com temor e tremor, atrevo-me a indicar e dizer algo acerca de alguns temas que me parecem especialmente importantes, atendendo à necessidade de elaborar uma compreensão que, sem perder a dimensão da transcendência divina, preserve com cuidado a autonomia da criatura. A enumeração deverá ser, por força, cruelmente esquemática, e sobretudo será inevitável que, inclusive muito mais do que em tudo o que vimos anteriormente, reflita as preocupações de minha própria teologia.

Isso implica que não poderei evitar uma dose, seguramente excessiva, de personalismo. Mas não seria fácil outra possibilidade: também neste aspecto há inter-implicação entre o diagnóstico e a tarefa que o teólogo tenciona realizar. O que me consola um pouco é pensar que, como bem o disse o Cardeal Newman, "nestas províncias da investigação o egotismo é modéstia", posto que "na investigação religiosa cada um de nós pode falar unicamente por si mesmo, e por si mesmo tem o direito de falar".[1] Procederei, portanto, sem ocultar a direção por onde me parece que poderiam ser orientadas algumas das possíveis soluções.

A descrição pretende ser antes de tudo algo como uma hipótese de trabalho oferecida ao diálogo em busca de colaboração crítica. Parece-me um jeito realista de contribuir para uma visão mais equilibrada e integral, que somente poderá ser obtida no diálogo, na crítica, na compreensão mútua e, se necessário fosse, na correção fraternal. Partirei, naturalmente, das observações feitas até este ponto, porém, em favor de uma organização mais sistemática, não atentarei estritamente à ordem em que foram aparecendo. Sublinharei em nota os lugares onde procurei fundamentar com mais pormenores o que doravante proponho (ali poderá ser encontrada a bibliografia que o espaço obriga a omitir).

## 1. Autonomia da criatura e criação: Deus cria por amor

A descoberta da autonomia é, portanto, o grande desafio, mas, tornando verdadeiro mais uma vez o verso de Hölderlin, constitui também a grande oportunidade. De fato, ela deve nos ajudar a redescobrir o sentido e a transcendência teológica da criação. Concretamente, como já foi dito, da *criação a partir do amor*.[2] Confesso que, para

---

[1] *An Essay in Aid of a Grammar of Assent*, London, 1870 (uso a ed. de. Doubleday Image Book, com introdução de E. Gilson, New York, 1955, p. 300; cf. p. 300-301. 318.

[2] Elaborei o tema, com certa amplitude, em: *Recupera-la creación. Por unha relixión humanizadora*, Vigo, SEPT, 1996 (trad. castellana: *Recuperar la creación. Por una religión humanizadora*, Santander, Sal Terrae, 1997; 3. ed. 2001).

mim, esta ideia se converteu no princípio radical para uma compreensão justa e atual de nossa fé.

## 1.1. A unidade criação-salvação: reestruturar a história da salvação

Frases veneráveis e, com certeza, significativas em seu tempo, podem obscurecer gravemente o sentido da criação no nosso. Continuar dizendo hoje que Deus nos cria "para servi-lo" ou mesmo "para sua glória", tende a provocar a ideia de um "deus" necessitado ou narcisista. O Deus bíblico, cuja revelação culmina no Abbá de Jesus, cria livremente a partir da plenitude de seu ser, que é amor, que é *ágape*. Portanto, cria unicamente por amor, pensando somente em comunicar seu ser e sua felicidade. De sorte que o único e exclusivo interesse de Deus na criação é o bem de suas criaturas. Dito de maneira mais audaz: dado que seu ser "consiste em estar amando" (*ho theós estín agápe*: 1Jo 4,8.16), Deus não sabe, nem quer nem pode fazer outra coisa senão amar.

Contudo, se a criação é um ato de amor, ela é já identicamente ação salvadora que, por um lado, se atualiza dando e sustentando o ser e, por outro, agindo como *graça* sempre presente e sempre oferecida, somente condicionada em sua realização pelos limites naturais da natureza humana e pelas resistências da liberdade.

Sendo, ademais, fundante do ser, a criação procura a realização-salvação total da criatura: corpo e espírito, pão e cultura, indivíduo e sociedade, sem dualismo de nenhum tipo. De sorte que, levando a sério esta perspectiva, a saber, vivendo a vida como realização e prolongamento do ato criador, *tudo é sagrado e tudo é profano*: tão santo é comer como rezar.

Daí a urgência fundamental de uma autêntica Kehre teológica, de uma "conversão" que dê um golpe no esquema da história da salvação. De fato, uma vez rompido o literalismo na leitura do Gênese, torna-se impossível tomar ao pé da letra a sequência tradicional:

criação – elevação – queda original e originante – castigo e entrada do mal no mundo – sacrifício redentor – tempo da Igreja – salvação – condenação escatológica.

Porque esse esquema, que explicitei dessa forma, e que poucos aceitariam, continua profundamente incrustado no inconsciente religioso e, o que talvez seja pior, demasiadamente presente em muitos temas dos tratados teológicos. Emerge, por exemplo, quando se fala de situação "pós-lapsária", atribuindo-lhe as dificuldades da liberdade e, dado muito mais grave, a aparição do mal, do sofrimento e da morte no mundo; ou quando se interpreta a partir daí o pecado original e até mesmo a redenção...

Felizmente, em que pesem as inevitáveis limitações da leitura pré-crítica da Bíblia, Santo Ireneu já havia intuído a sequência contrária, fazendo com que nunca desaparecesse da história a solicitação insistente de um esquema diferente, que partia da necessária imperfeição da criatura, intrinsecamente necessitada de se desenvolver no tempo:[3]

---

[3]  Por isso, para ele o pecado original "não é uma catástrofe", mas uma peripécia, "grave, sem dúvida", mas que se "integra de alguma maneira na dinâmica do crescimento da humanidade rumo a Deus" (V. Grossi y B. Sesboüé, Pecado original y pecado de los orígenes: del concilio de Trento a la época contemporánea, em B. Sesboüé [ed.], *Historia de los dogmas II. El hombre y su salvación*, Salamanca, 1996, p. 151. Cf. as amplas exposições de A. Orbe, *Antropología de san Ireneo*, Madrid, 1965; Id., *Teologia de san Ireneo*, 3 v., Madrid, 1985-1988; e as sínteses que oferece em Id., *Introducción a la teologia de los siglos II y III*, Salamanca, 1988, p. 201-204, 215-218, 259-268. J. Delumeau, por sua vez, assinala que estas ideias já estão em São Teófilo de Antioquía, que indica que a Adão e Eva Deus só havia concedido um

criação imperfeita como todo nascimento – crescimento na história – aparição inevitável do mal, porém, envolto na promessa e na atualidade da salvação – culminação da salvação em Cristo – tempo da Igreja – escatologia.

Algo no fundo evidente, cuja elaboração teológica continua a caminho, porém, que constitui uma verdadeira revolução que precisará ainda de muito trabalho e, sem dúvida, dará muitos frutos.

## 1.2. O mal inevitável: reestruturação da teodiceia[4]

O tratamento do mal, devido, em grande parte, a esse esquema tradicional, continua demasiadamente preso aos esquemas pré-modernos, e, a partir deles, se torna incapaz de enfrentar a objeção letal do "dilema de Epicuro": ou Deus pode e não quer evitar o mal; ou quer e não pode, e então, ou não é bom ou não é onipotente...[5] Por conseguinte, o mal se converteu na "roca do ateísmo", segundo a conhecida expressão de G. Büchner, e a teodiceia redundou em fracasso irremediável, conforme o diagnóstico de Kant. E ambas as coisas serão verdade enquanto permanecer o terrível esquema anterior (aí incluso o paraíso),

---

"princípio de progresso, graças ao qual poderiam desenvolver-se e alcançar a perfeição" (Autólico, II, 2). O autor chega a se perguntar: "Ireneu teria lido a Teófilo?" (*El cristianismo del futuro*, Biblao, 206, p. 76-77).

[4] O tema me ocupou longamente; sintetizei minha postura em: *Repensar o mal. Da poneroloxía á teodicea*, Vigo, Galaxia, 2010 (trad. castellana: *Repensar el mal. De la ponerología a la teodicea*, Madrid, Trotta, 2011).

[5] "Ou Deus quer tirar o mal do mundo, mas não pode; ou pode, mas não o quer; ou não pode nem quer; ou pode e quer. Se quer e não pode, é impotente; se pode e não quer, não nos ama; se não quer nem pode, não é o Deus bom e, ademais, é impotente; se pode e quer — e isto é o mais seguro —, então, de onde vem o mal real e por que não o elimina?" (*Epicurus*, Zürich, ed. de O. Gigon, 1949, p. 80; Lactancio, *De ira Dei*, 13 [PL 7,121]).

mantendo, por um lado, que é um castigo — além do mais, injustíssimo, pois, condenaria a bilhões de pessoas inocentes da culpa pela qual são castigadas — e dando por suposto, por outro lado, que um mundo sem mal seja possível, e que Deus poderia evitá-lo se assim o quisesse.

A grande oportunidade para a teologia se enraíza no fato de que hoje já é possível destroçar esse duplo pressuposto: em primeiro lugar, a crítica bíblica tornou evidente a falsidade daquele esquema; e em segundo lugar, a autonomia do mundo permite mostrar a falsidade do pressuposto que, sem ser submetido a uma crítica expressa, faz passar como óbvia a possibilidade de um mundo sem mal. Realizar esta tarefa exige levar a sério tanto as exigências como as possibilidades de nossa cultura secular, e isso pede uma reestruturação radical do problema, que hoje deve proceder em três passos claramente delimitados.

1) O primeiro passo deve ser uma "ponerologia" (*de ponerós*, mal), ou seja, um tratado do mal em si mesmo, como problema universalmente humano, prévio a toda atribuição religiosa ou ateia. Então, fica claro que a aparição do mal é inevitável, porque nasce da finitude do mundo — de qualquer mundo possível, posto que ninguém pode ser Deus. No fundo, disso sempre se soube: nunca chove como todos gostariam, diz a sabedoria popular; "toda determinação é negação", afirma Espinosa. Por isso, um círculo não pode ser quadrado e — pela mesma razão — um mundo finito não pode ser perfeito, porque seria um mundo-finito-infinito. Desse modo, a ponerologia — que, como se pode ver, procede *etsi deus non daretur* — coloca a descoberto a armadilha oculta no dilema de Epicuro, pois este apenas tem sentido na suposição — acrítica — de que

o mundo poderia ser perfeito, um paraíso como aqueles sonhados pelo mito ou pela ilusão infantil de onipotência.

2) Isto leva à explicitação de um degrau intermediário: de uma "pisteodiceia" (de pistis,-eos, "fé" em sentido amplo, filosófico), a saber, a necessidade comum a todos os humanos de dar razão da postura que tomamos diante do mal. Todos, com efeito, nos encontramos perante o mesmo duro interrogante: tem sentido o mundo, a existência e a história, dado que, de modo inevitável, temos de contar com o mal, com seus sofrimentos e suas vítimas? Isto é muito importante, porque assim o mal aparece com toda clareza como problema comum e as diferentes posturas como as respostas que lhe são dadas: são respostas tanto o pessimismo de Schopenhauer como o heroísmo absurdo de Camus, assim como a anulação budista do desejo ou a esperança cristã. E, bem por isso, todas — não apenas a religiosa — devem "justificar-se", quer dizer, cada tomada de posição diante do mal, se quer ser crítica e não mera afirmação arbitrária, precisa elaborar sua "pisteo-diceia", mostrando suas razões e respondendo a suas objeções.

3) É este o lugar do qual tradicionalmente se entende a teodiceia: ela é justamente a "pisteodiceia cristã". O que há de novo é que agora, uma vez descoberta a cilada do dilema de Epicuro, se elimina a falsa questão: assim como ninguém pergunta se Deus não pode ou não quer criar círculos-quadrados ou ferros-de-madeira, é absurdo perguntar "por que Deus, podendo, não criou um mundo perfeito", pois seria o mesmo que perguntar por que não cria um mundo-finito-infinito. Isso não acaba com o problema, mas o situa — agora, sim — diante da pergunta real e verdadeira: "por que, sabendo que o mundo

implicaria inevitavelmente o mal e tanto mal, Deus o criou apesar de tudo".

Como se vê, a questão não perde sua terrível dureza, e a fé, assim como os demais posicionamentos, continua confrontada com o grande enigma: vale a pena? Ninguém, seja crente ou não crente, pode contar com evidências matemáticas. Todavia, a fé bíblica, que nunca fugiu da pergunta, está agora em condições de oferecer uma resposta coerente. Porque se baseia em um Deus que, criando por amor, se torna, com a ajuda incondicional de sua onipotência, o apoio salvador já presente nos limites impostos pela finitude histórica e a esperança de comunhão infinita mais além do tempo e do espaço. O exemplo de Jesus com sua vida, morte e ressurreição, simboliza-o bem: como disse o Concílio, nele "se esclarece o mistério do ser humano" (GS 22).

Esta é, evidentemente, uma resposta junto a outras. Não pode ser imposta, mas oferece suas razões, que têm uma trajetória comum — a ponerologia — com as demais. Isto lhe permite assegurar sua coerência contra a objeção fundamental que convertia o mal em "roca do ateísmo". E, em sua peculiar oferta, que conta com a fé em Deus (fundada por outros caminhos, embora o mal mesmo também possa ser um caminho), oferece razões já mais próprias, adentrando-as em uma racionalidade mais específica. Como sucede com as demais pisteodiceias, é preciso contar com a eventualidade de que suas razões não sejam aceitas por todos; mas elas têm direito a serem examinadas com empatia fenomenológica, atendendo a sua peculiar intencionalidade. (A alusão a Husserl, com seu "princípio de todos os princípios", é intencional, e algo mais iremos dizer ao falar da verificabilidade da revelação.)

Para a teologia, dificilmente pode ser calibrada, em todo o seu peso, a importância desta visão, que permite uma releitura da Bíblia como anunciando a fé em um Deus que, dos profetas até Cristo, se mostra antimal, preocupado, antes de tudo e sobretudo, com "os órfãos e as viúvas": com as vítimas do mal. Isto vale não apenas perante a objeção ateia, mas antes, de modo muito mais decisivo, como purificação da piedade religiosa e de não poucos temas teológicos intoxicados pela sombra venenosa de um "deus" que castigou sem culpa e que, "podendo", não nos livra de tanta angústia e de tanto sofrimento. Temas como a oração, o milagre ou o inferno (algo sobre isso diremos mais à frente) esperam aqui um drástico repensamento.

## 1.3. *Creatio continua*: superar o "deísmo intervencionista" (a "petição" e o "milagre")

O enunciado alude ao ponto que, como desafio e oportunidade, constitui, sem dúvida, o núcleo mais vivo e influente do problema. Porque assumir de modo consequente a autonomia mundana obriga a pensar de novo a relação de Deus com o mundo natural e com a subjetividade humana. Da primeira se ocupa este item, deixando a segunda para o seguinte. Três são as respostas que devem ser superadas.[6]

A primeira é o intervencionismo mitológico, que, no paganismo, via o mundo "pleno de deuses" (*panta plere theón*) e na Bíblia, via Deus — e os anjos e demônios — intervindo continuamente com influências empíricas extramundanas: Deus mandava a chuva e os demônios

---

[6] Trato disso mais amplamente em: *Fin del cristianismo premoderno. Retos hacia un nuevo horizonte*, Santander, Sal Terrae, 2000.

causavam enfermidades. A modernidade quebrou esta visão. Recordemos as palavras de Bultmann acerca de que não se podem usar os meios e os instrumentos modernos e, ao mesmo tempo, crer em um mundo de espíritos e milagres.

Aí se enraíza — neste problema — a razão do deísmo: o mundo é regido por suas leis e nem a explicação nem a eficácia de seus funcionamentos empíricos podem contar com a "hipótese Deus" (segundo o dito atribuído a Laplace). Até mesmo na sociologia e na moral o *etsi deus non daretur* se converteu em santo e sinal do Iluminismo. Mas o Deus "arquiteto" ou "relojoeiro" que, uma vez criada a máquina perfeita, se retira a seu céu esperando premiar ou castigar na escatologia, era, com razão, intolerável para a experiência religiosa viva.

Não obstante isso, a resposta religiosa acabou sendo, e ainda é, insatisfatória: necessitava-se de uma revolução, mas se foi instalando uma acomodação de compromisso. É o que pode ser chamado de *deísmo intervencionista*: não era o caso de negar o que de verdade havia no deísmo, com sua insistência na consistência e na regularidade das leis físicas; mas tampouco se podia aceitar o vazio mortal de um "deus" distante e passivo. O que daí surgiu foi uma mentalidade confusa e pouco esclarecida. Por um lado, vive-se na evidência cultural de um mundo sem interferências divinas (deísmo); mas, por outro, não se renuncia a elas quando o mundo parece necessitá-las (intervencionista). A isso responde a imaginação — tão corrente — de um "deus" que está no céu, aonde nos dirigimos para invocá-lo e a partir de onde ele intervém de vez em quando: vai-se ao médico, mas, sobretudo se a doença for grave, assume-se o encargo de uma novena; pede-se ao divino a cura ou — indo adiante na nova consciência — não se pede a cura mas antes as forças para suportá-la ou para ajudar o doente.

Esta atitude de compromisso vem a ser claramente instável do ponto de vista vital e insustentável do ponto de vista crítico. Mas, ao não contar com outra resposta mais consequente, era inevitável amparar-se nela; de fato, ela impregnou praticamente toda a vida religiosa e afeta, em grande medida, a própria teologia. E a verdade é que não é nada fácil superá-la. Nossa linguagem e — seguindo-a e fomentando-a — nossos conceitos tendem sempre a cair, como o gato sobre suas quatro patas, em uma visão objetivante da ação divina. Tentar superá-la induz em muitas pessoas o medo da imagem de um "deus" passivo, que não "serve" para nada. A teologia denunciou, *em princípio*, o intervencionismo, insistindo, como já há muito tempo disse Walter Kasper, em que isso seria colocar Deus "no lugar de uma causalidade intramundana", e isso acabaria justamente por negá-lo, porque então ele "não seria mais Deus e sim um ídolo".[7] Todavia, de fato, sua influência é ubíqua e quase parece incontível.

A verdadeira saída somente pode provir de uma inversão radical do problema. Felizmente, na ideia de criação — contínua e por amor — a fé conta com o recurso que permite realizá-la. O Criador não tem de "entrar" no mundo, rompendo a legalidade criatural, para se tornar presente atuante, porque ele está já sempre "dentro" do mundo, em sua raiz mais profunda e originária. Por isso,

---

[7] W. Kasper, *Jesús, el Cristo*, Salamanca, 1976, p. 112; cf., ainda mais energicamente, K. Rahner em seu diálogo com K. H. Weger, *¿Qué debemos creer todavía hoy? Propuestas para una nueva generación*, Santander, 1980, p. 63-81: El jardinero invisible.

carece de sentido pensar em intervenções pontuais, já que sua ação está sustentando, dinamizando e promovendo tudo. Criando a partir da infinita gratuidade do amor, ele já está "desde sempre trabalhando" (Jo 5,17) a nosso favor. Trabalhando não como quem substitui o mundo e nós mesmos: Deus "cria criadores"[8] ou, como disse Karl Rahner numa frase magnífica, "Deus obra o mundo e não propriamente no mundo".[9]

É justamente seu caráter transcendente, "perpendicular" ao funcionamento empírico, aquele que torna possível sua presença constante e seu trabalho incansável. Mas é também o que torna obscura sua percepção e difícil a preservação de sua especificidade, compreendendo que sua eficácia mundana somente pode ser atualizada e empiricamente constatável no dinamismo das leis do mundo físico e na acolhida da liberdade humana. Somente mediante um cuidado excepcional e uma vigilante atenção crítica pode-se preservar sua transcendência e, ao mesmo tempo, evitar a falsa sensação de um deus passivo.

Neste sentido, recordando também o que já foi dito nas duas epígrafes anteriores — unidade criação-salvação e Deus antimal —, existem dois temas que revestem

---

[8]    Cf. o excelente estudo, rico em referências, de A. Gesché, L'homme créé créateur: *Revue Théologique de Louvain* 22 (1991) 153-184; que também pode ser visto em seu livro *Dios para pensar. I El mal. El hombre*, Salamanca, 1995, p. 233-268.

[9]    "... Gott die Welt wirk und nicht eigentlich in der Welt wirkt" (*Grundkurs des Glaubens*, Freiburg-Basel-Wien, 1976, p. 94 (trad. castelhana: *Curso fundamental sobre la fe*, Barcelona, 1979, p. 112, é menos enérgica). Mas em outro lugar adverte que esta "mudança radical", que "se produziu e se está ainda produzindo" e que, no fundo, remonta a Santo Tomás de Aquino, "ainda não chegou a se impor até as últimas consequências, nem na prática religiosa de tipo médio nem na teologia cristã e, precisamente por isso, nos está criando grandes dificuldades" (K. Rahner; K. Weger, *¿Qué debemos creer todavía?*, cit., p. 69).

especial importância. O primeiro, que incompreensivelmente ainda não recebeu a devida atenção teológica que sua extraordinária influência está requerendo, é o da *oração de petição*.[10] Tenho a impressão de que — sem negar seus valores, que, certamente, devem ser mantidos e mesmo reforçados — a contínua súplica e o insistente pedido de ajuda e de perdão estão distorcendo gravemente a imagem de Deus.

Porque é Deus quem, na iniciativa absoluta de seu amor, está trabalhando para que "nos deixemos salvar por ele" (cf. 2Cor 5,20); é ele quem "está à porta e chama" (Ap 3,20). Cada vez que lhe pedimos ou imploramos, invertemos a situação, às vezes com consequências terríveis. Como observou Benveniste, cada vez que dizemos *Kyrie elèison*, implicamos que Deus poderia não ser compassivo;[11] quando pedimos que "escute e tenha piedade" da fome das crianças ou dos sofrimentos dos enfermos, estamos dizendo — não com essa intenção, mas sim objetivamente — que, se as crianças continuam com fome e os enfermos não se curam, é porque Deus não escutou nem teve piedade; quando intercedemos ou buscamos intercessores a favor de alguém, estamos contaminando a imagem divina com a pior lógica da política humana; e, o que é ainda mais grave, nossas palavras estão cravando no inconsciente individual e no imaginário coletivo a ideia de um deus não tão bom como nós, posto que estamos

---

[10]  A. Torres Queiruga, *Más allá de la oración de petición*: *Igreja Viva* 152, 1991, p. 157-193; com algumas variações: A oración de petición: de convencer a deixarse convencer: *Encrucillada* 83/17 (1993) 239-254 e em: *Recuperar la creación*, cit., cap. 6, p. 247-294.

[11]  E. Benveniste, La blasphémie et l'euphémisme, em: *L'analyse du langage théologique*, Paris, ed. Por E. Castelli, 1969, 71-74; cit. por A. Gesché, *Dios para pensar. I El mal – El hombre*, Salamanca 1995, p. 462.

tentando convencê-lo de que *também ele* seja bom e misericordioso. Nunca, evidentemente, é a intenção subjetiva, mas é esse o efeito objetivo que a "sedução das palavras"[12] torna inevitável.

Algo parecido sucede com o milagre. Dado que se apoia na "potência absoluta", sua lógica interna não tem limites. A consequência é a de um deus tacanho ou pouco compassivo — por que tão poucos, sendo tantas as necessidades? — e que só ajuda seus favoritos — por que para alguns, sim, e para outros, não? Ademais, de maneira mais sutil, implica uma negação da atualidade infinita de seu amor, pois graças a um santo ou a uma súplica faz algo que, de outro modo, não faria.

Bem sei que a exposição é esquemática e que caberiam nuanças. Mas também é certo que, diante da adequação de fundo e da óbvia consequência destas observações, as resistências respondem às típicas acomodações "kuhnianas" dos paradigmas que, uma vez passado seu momento, não aceitam ter de desaparecer. Aqui influenciam, principalmente, de modo inconsciente, os resquícios do literalismo bíblico e a própria inércia da tradição, que, com sua repetição constante na educação, na pregação e nos textos, deixam aparentemente evidentes os antigos pressupostos. Desse modo, paralisam a crítica e despertam um desejo espontâneo de defesa.

---

[12] Título de um interessante livro acerca do problema em geral: A. Grigelmo, *La seducción de las palabras*, Madrid, 2000.

## 2. Autonomia e subjetividade: Deus cria criadores

Até aqui a atenção foi dirigida antes de tudo à objetividade da ação de Deus no mundo. Agora convém que a orientemos na direção de sua influência na subjetividade e na liberdade humana, com a vantagem de que, para ela, vale também tudo o que se conseguiu antes.

### 2.1 A revelação como "maiêutica histórica" ("verificabilidade" e "diálogo")[13]

Não foi por acaso que o choque com a ciência — a grande marca da nova situação cultural — questionou a concepção tradicional da revelação, abrindo caminho para a crítica bíblica. Como mais tarde acentuará Wolfhart Pannenberg contra a reação neofundamentalista de Karl Barth, a nova subjetividade, ciosa de sua autonomia, não podia aceitar uma revelação que chegasse "a partir de fora", rompendo as leis intrínsecas de seu funcionamento. Isso a converteria em um *asylum ignorantiae*, pois não "daria razão" de si mesma, colocando o sujeito diante de uma aposta puramente fideísta: "come, pássaro, ou morre", conforme a acertada censura de Bonhöffer. O tema é central, porque o modo de entender a revelação atravessa de maneira decisiva o tratamento de todos os grandes temas da teologia.

Por isso, foi decisiva a batalha da *Dei Verbum* para abrir a porta a uma concepção não extrínseca e autoritária da experiência reveladora. O que resta é levar até as

---

[13] Cf. *Repensar la revelación. La revelación divina en la realización humana*, 2. edición, revisada y ampliada, Madrid, Trotta, 2008.

últimas consequências a legítima autonomia da subjetividade humana. As dimensões decisivas são duas:

1) Evitar ver a revelação como uma espécie de "milagre" psicológico, concedido a poucos e em princípio não limitada pelas leis de sua apropriação subjetiva. Por isso, no imaginário tradicional, Deus poderia revelar tudo a todos, onde e quando bem entendesse, de sorte que os limites evidentes da revelação seriam devidos a uma decisão voluntária por sua parte, tanto na universalidade (daí a "eleição") como no conteúdo (daí o recurso ao "silêncio" ou ao "ocultamento" de Deus).

2) Evitar que a aceitação do revelado seja apenas pela via externa da "autoridade" da testemunha, sem que o receptor possa aceder a sua razão interna: aceitar "porque Isaías me diz que Deus lhe disse algo, embora nada tenha dito a mim", conforme a dura expressão crítica que, há muitos anos, ouvi de um amigo, que por isso abandonou a teologia.

Creio que o caminho da solução deve ser buscado não "a partir de cima", quer dizer, não de acordo com uma concepção sobrenaturalista e abstrata do poder e da liberdade divinos, mas "a partir de baixo", analisando as possibilidades nas condições da subjetividade humana. Porque, então, é possível responder às duas exigências aludidas, e fazê-lo a partir do próprio coração do Deus revelado em Jesus.

1) Os limites da revelação não são devidos a uma reserva ou sovinice divinas, pois, se levamos minimamente a sério que Deus, na liberdade incondicional de seu amor infinito, "quer que todas as pessoas se salvem" (1Tm 2,4), vem a ser evidente que procura se revelar sem reservas, desde sempre, e a todas as pessoas; de sorte que os limites

da revelação devem-se unicamente às limitações, impedimentos e resistências da subjetividade humana; além do mais, um estudo crítico da Bíblia não deixa espaço para nenhuma dúvida.

2) A aceitação deixa de ser puramente extrínseca — como um "testemunho de tribunal", dizia Rahner— para se mostrar como um "processo maiêutico". Deus não se decide revelar unicamente ao profeta. O que sucede é que — como ocorre em todos os assuntos profundos — nem todos possuem igual capacidade de percepção, e sempre há alguém que é o primeiro a descobrir, a "cair na conta" do que a todos está destinado: todos os físicos viam cair maçãs, mas somente Newton foi o primeiro a ver ali a força da gravidade. Não se nega a necessidade da palavra: *fides ex auditu* (Rm 10,17). Porém, o importante é que, uma vez que o descobridor anuncia, os demais são endereçados para a coisa mesma: ninguém aceita a gravidade só porque foi Newton quem o disse, mas, antes, foi graças a Newton que, agora, todos podem ver isso também por si mesmos. Os samaritanos atendem o apelo graças à chamada de sua conterrânea, mas, no final, lhe dizem: "Já não cremos por tuas palavras; mas porque nós mesmos o ouvimos e sabemos que este é verdadeiramente o Salvador do mundo" (Jo 4,42). E Franz Rosenzweig faz a isso um justo eco: "A Bíblia e o coração dizem a mesma coisa. Por isto (e apenas por isto) a Bíblia é 'revelação'.[14]

Por isso, faz sentido servir-se da categoria socrática da "maiêutica": Sócrates dizia ter o mesmo ofício que sua mãe — *maia*, parteira — e que, da mesma maneira que ela

---

[14] Brief an B. Jacob, 27 de maio de 1921, em: F. Rosenzweig, *Der Mensch und sein Werk I. Briefe und Tagebücher 2*, Den Haag, 1984, p. 708-709.

com as parturientes, ele não pretendia introduzir as ideias no interlocutor, mas sim ajudá-lo para que este pudesse dá-las à luz por si mesmo. Não obstante isso, convém precisar que se trata de "maiêutica histórica", porque esta não consiste na repetição platônica das ideias eternas, mas sim em ir descobrindo como nossa realidade mais profunda, enquanto habitada e promovida por Deus, vai sendo realizada na novidade da história (por isso dei a meu livro o subtítulo "A revelação divina na realização humana").

A partir desta concepção de fundo se abrem importantes aplicações.

A primeira é se dar conta de que assim *a revelação se torna "verificável"*. Ela o é, evidentemente, conforme seu modo específico de "doar" (tampouco é o mesmo verificar algo na área de "ética" ou em química ou matemática). Além disso, convém destacar que essa verificação tem dois polos: o "horizontal", da continuidade com a teologia anterior; e o "vertical", que, através dela, busca sempre chegar à experiência originária e fundante ("volta à Escritura"). Amor Ruibal fez notar que a primeira se dá principalmente em "períodos de síntese", quando, do mesmo modo que, no século XIII, se consegue um grande equilíbrio que convém explicitar (é o tempo das "conclusões teológicas"). Mas as sínteses são estilhaçadas com a entrada de novas experiências ("período de aquisição"), surgindo então a necessidade de repensar tudo de novo ("período de elaboração), e aqui predomina a verificação vertical ("volta à experiência"). Este é o nosso caso após a grande ruptura da Modernidade.

A segunda aplicação é com respeito ao *diálogo das religiões*.[15] A visão maiêutica, confluindo com a mundialização da cultura, traz um importante reforço. O Vaticano II abriu o caminho reconhecendo o que "há de verdadeiro e santo" (*Nostra aetate*, 2) nas religiões, mas não se atreveu a usar para elas a palavra "revelação". Sem dúvida, no fundo persistiam, como uma sombra inconsciente, resquícios do conceito de revelação milagrosa, que, portanto, somente se podia dar propriamente na Bíblia.

Mas se Deus, por sua parte — vamos dizê-lo assim —, está procurando se revelar a todas as pessoas, é claro que toda religião consiste justamente numa captação — mais ou menos plena e acertada, porém, real, como ocorre na própria Bíblia — de sua revelação (portanto, em sentido estrito). Por isso, creio que chegou a hora de tomar sempre como princípio o reconhecimento de que "todas as religiões são verdadeiras"; elas o são, naturalmente, na medida em que conseguem captar, expressar e viver a revelação. Por isso, em princípio, tem razão a afirmação do "pluralismo". Mas, de fato, uma consideração realista não pode ocultar que, tanto diacrônica como sincronicamente, essa medida é diferente nas diversas religiões: trata-se, pois, de "pluralismo assimétrico". E este não impede a afirmação — penso que fundável e fundada *a posteriori* — de uma culminação insuperável em Cristo, que podemos qualificar de "teocentrismo jesuânico". E, talvez, o mais importante: é possível aproveitar o avanço que supôs a categoria inculturação, mas prolongando-a e aprofundando-a rumo à "inreligionação". De outro modo, é difícil evitar o

---

[15] Cf. *Diálogo das relixións e autoconciencia cristiá*, Vigo, SEPT, 2005 (trad. castelhana: *Diálogo de las religiones y autocomprensión cristiana*, Santander, Sal Terrae, 2005).

perigo de respeitar a cultura, mas ver como legítimo suprimir a religião.

Envolvendo ambas as aplicações, está talvez o mais urgente: tirar todas as consequências da superação do fundamentalismo. A necessidade é algo reconhecido como princípio e a crítica bíblica avançou muito; mas resta um longo caminho a ser percorrido. E começo a suspeitar que, apesar de certos usos em sentido contrário, a "exegese canônica", ao obrigar que se mire o conjunto da Bíblia e que esta seja interpretada em seu dinamismo de longo, variado e sinuoso caminho histórico, vai abrir novas possibilidades.

## 2.2. Autonomia e moral: não "moral religiosa", mas "vivência religiosa" da moral[16]

Em si mesmo, não pareceria difícil aplicar a autonomia ao terreno moral, pois o próprio Concílio disse explicitamente que a aplicação não afeta apenas "as coisas criadas", mas também "a sociedade mesma" (GS 36). Embora ainda restem fios soltos, esse passo foi dado para o mundo físico com respeito à ciência, mas, como já dissera A. Auer faz muitos anos, os documentos oficiais católicos "mantêm no essencial a concepção tradicional".[17] A razão está, sem dúvida, em sua maior dificuldade, devida à íntima proximidade entre o moral e o religioso. Mas conta

---

[16]  Cf. meus trabalhos Moral e relixión: da moral relixiosa á visión relixiosa da moral: *Encrucillada* 28/136 (2004) 5-24 (sintetizado: Moral y religión: de la moral religiosa a la visión religiosa de la moral: *Selecciones de Teologia* 44 [2005] 83-92); *Ética y* religión: "vástago parricida" o hija emancipada: *Razón y Fe* 249/1266 (2004), 295-314.

[17]  *Autonome Moral und christlicher Glaube*, 2. ed. Düsseldorf, 1984, p. 160; cf. p. 160-163.

muito também o temor de uma perda da influência e ainda do controle sobre a moral.

Não obstante isso, desde o *Eutrifon* platônico e do tomista *mandatum quia bonum, non bonum quia mandatum*, a instância autônoma já estava presente. O que agora se espera é levá-la a sua plena consequência e se atrever a reconhecer que, assim como a Bíblia não pretende ensinar astronomia, tampouco pretende ensinar moral. À primeira vista, da mesma forma que aconteceu com Galileu, esta afirmação produz estranheza. No entanto, se Galileu esclareceu que a Bíblia não diz "como vai o céu, mas como se vai ao céu", hoje é preciso dizer que ela tampouco ensina como deve ser a moral, mas antes como é preciso que sejamos morais. Em outros termos, que a autonomia não se refere aos conteúdos da moral, mas à motivação e ao modo de vivê-los. Os conteúdos precisam ser encontrados analisando a realidade, para averiguar que tipos de conduta individual e social ajudam a uma melhor e mais autêntica humanidade. O fato de que a Bíblia afirme também preceitos morais que devemos aceitar como válidos, obedece a constatações que eram e são evidentes: não matar ou não roubar. Mas o problema pode ser apreciado nos inumeráveis preceitos puramente circunstanciais que hoje seriam profundamente imorais: apedrejar a adúltera ou passar a fio de espada os vencidos (*herem*). E principalmente, em questões que simplesmente não podia conhecer: saber se é lícito um transplante ou quando e com quais métodos e finalidades se pode fazer uma clonagem.

A teologia conta nesse aspecto com um recurso rigoroso e equilibrado no conceito de teonomia, que já Kant anunciara com sua afirmação de que "a religião é (considerada subjetivamente) o conhecimento de todos os nossos deveres como mandamentos divinos"[18] e que, purificado de seu reducionismo moral, Paul Tillich explicitou com exatidão como "a razão autônoma unida a sua própria profundidade".[19]

A impressão de que este "recorte nas competências" diminui o papel da religião e da Igreja é mera aparência. Na realidade, isto as liberta para sua tarefa específica, que é a de motivar: não determinar que percentual de aumento nos impostos é o mais justo, mas, sim, uma vez averiguado pelos peritos, convocar para que este seja cumprido, embora vá contra os próprios interesses, sejam eles individuais ou partidários. E também, como sucedeu historicamente, para favorecer um "contexto de descoberta" que ajude a um justo sentido moral: confessar que todos somos "filhos de Deus" facilita que encontremos e cumpramos diretrizes verdadeiramente justas. Ainda que a teologia tenha também de reconhecer, com humildade, que às vezes seu "contexto" pode — embora não devesse — cegar para outros valores: isso ocorreu, por exemplo, com a liberdade e a tolerância.

De fato, o empenho em manter o controle sobre os conteúdos, em uma Igreja que ainda não elaborou uma atualização consequente em sua concepção da moral, está operando em detrimento grave da fé. É, com efeito, difícil negar o fato de que sejam talvez milhões os que abandonam a Igreja, e, por conseguinte, muitas vezes a fé,

---

[18]  *La religión dentro de los límites de la mera razón*, Madrid, 1969, p. 150; cf. p. 104. 111.

[19]  *Teologia Sistemática I*, Barcelona 1972, p. 116; cf. p. 114-118. 193-197); ocupei-me do tema em: A. Torres Queiruga, La théonomie, médiatrice entre l'éthique et la religión, em: M. M. Olivetti (ed.), *Philosophie de la Religion entre* éthique *et ontologie*, Milano, Biblioteca dell'Archivio di Filosofia, CEDAM, 1996, p. 429-448.

por causa de insistências morais percebidas — não sempre sem razão, também por muitos crentes e teólogos — como injustas ou desumanas. Ao contrário, se levássemos a sério e tentássemos exercitar na prática o lema de que não existe uma "moral religiosa" (com respeito aos conteúdos), mas, sim, um "modo religioso" de viver a moral comum a todos, o resultado poderia ser muito diferente. Não apenas apareceria claro o papel libertador da fé, como consciência da ajuda divina no esforço humano por realizar a, por vezes muito dura, tarefa da realização moral, mas também aumentaria a autêntica autoridade da Igreja, colocando a serviço da humanização tanto a sabedoria de sua experiência secular como a capacidade de mobilização de seu anúncio salvador.

## 2.3. Autonomia e sociabilidade: práxis da fé e democracia eclesial

Aqui podemos ser mais breves. Quando Hegel, a propósito da Revolução francesa, proclamou que "desde que o sol está no firmamento e os planetas giram em torno dele, não se havia visto que o homem se apoiasse sobre sua cabeça e edificasse a realidade conforme o pensamento",[20] estava sublinhando a importância da autonomia do social. Os movimentos pela justiça, pela liberdade, pelos direitos humanos e o espírito democrático não farão nada mais que tirar as consequências desta nova situação.

E é preciso reconhecer que, embora tarde, a reflexão teológica respondeu. As diversas teologias da práxis, de modo especialmente vivo a Teologia da Libertação, causaram um impacto impossível de apagar. Talvez, o que ainda

---

[20] *Lecciones sobre filosofía de la historia universal*, Madrid, 1974, p. 682 e 692.

falte seja uma assunção mais clara e uma legitimação mais unívoca por parte do magistério. E, evidentemente, evitar resquícios que continuem contaminando a limpeza e a exigência do fundacional "bem-aventurados os pobres".[21]

Mas onde a atualização ainda está em sua infância é precisamente no governo eclesial, de forma muito concreta, no problema de seu caráter democrático.[22] Ninguém duvida de que o Concílio tenha realizado notáveis avanços neste ponto. Ele equilibrou o monolitismo papal do Vaticano I, proclamando a sacramentalidade do episcopado, acentuando sua colegialidade e quebrando a dicotomia ordem-jurisdição. Embora em menor escala, ele prestou atenção nos presbíteros e no laicado, com avaliações do *sensus fidelium* e algumas observações sobre a mulher. Ele sublinhou a comunhão perante o juridicismo da "sociedade perfeita". E principalmente, realizou uma inversão da pirâmide eclesial, no capítulo II da *Lumen Gentium*, colocando na base a comunidade como "povo de Deus"

---

[21] São resquícios, mas alguns são muito graves, como o do número 1937 do *Catecismo da Igreja Católica*. Quase eu estava dizendo que, "felizmente", a crítica não se debruçou sobre ele, mas deveria ser retirado nas novas edições. Misturando as diferenças naturais e as produzidas pela *liberdade* humana, afirma de modo indiscriminado: "Estas diferenças pertencem ao plano de Deus". E adiante, põe na boca do próprio Deus, através da citação de uma monja medieval, afirmações nela compreensíveis, mas que *hoje* são escandalosamente terríveis: "Quanto aos bens temporais, as coisas necessárias para a vida humana eu as distribuí com a maior desigualdade, e não quis que cada um possuísse tudo o que lhe era necessário para que os homens tenham assim ocasião, por necessidade, de praticar a caridade uns aos outros... Eu quis que uns necessitassem de outros e que fossem meus servidores para a distribuição das graças e das liberalidades que de mim receberam (S. Catarina de Siena, Dial. 1,7)". Menos mal que, no número seguinte, afirma com firmeza: "Existem também desigualdades escandalosas que afetam a milhões de homens e mulheres. Estão em aberta contradição com o Evangelho".

[22] *La democracia en la Iglesia*, Madrid, SM, 1995.

e, dentro dela, como serviço, a hierarquia. Com razão, se falou de "revolução copernicana".

E, no entanto, na realidade, o funcionamento do governo eclesial apenas começou a mudar, cabendo ainda dizer que, de maneira lenta, mas inexorável, foi sendo produzido um reforço do centralismo papal e da Cúria romana, com um claro enfraquecimento das conferências e atribuições episcopais. Basta comparar, por exemplo, LG 27, onde se afirma que os bispos são "vigários e legados de Cristo" e que, portanto, "não devem ser considerados os vigários dos romanos pontífices", com o atual Código de Direito Canônico, que atribui ao papa os títulos de "chefe do colégio dos bispos, vigário de Cristo e pastor de toda a Igreja" (CIC 313).[23]

Este grave desvio deveria ser um alerta para um fato decisivo: que continua viva a raiz do problema e que a "revolução copernicana" é um anúncio legítimo e um germe fecundo, mas que está muito longe de sua realização, até o ponto de os próprios avanços, sendo importantes, nos distraírem do problema de fundo. Este se enraíza na persistência de uma concepção da *origem do poder na Igreja*, que está em oposição diametral com a revolução anunciada nas palavras conciliares. Enquanto, com efeito, essa origem continue sendo concebida a partir de uma visão verticalmente supernaturalista da graça sacramental, ou seja, por uma espécie de "milagre invisível" que vem imediatamente de Deus, sem nenhum tipo de mediação eclesial, o desvio acaba sendo incontível.

---

[23] Cf. outros dados em: J. Martínez Gordo, que faz uma excelente análise desta deriva pós-conciliar: Datos y razones de la involución eclesial: *Revista* Éxodo 109 (2011) 5-12 (pode-se consultar em: www.exodo.org).

Com efeito, se se trata de um poder que não nasce a partir de dentro da Igreja, mas que cai sobre a Igreja, é óbvio que não cabe nenhuma possibilidade de controle por parte de nenhuma instância dentro da mesma. A isto obedece o fato de que, na Igreja (com exceção do caso do conclave papal, por pura necessidade, já que não existe instância a ele superior), seja excluído sistematicamente o voto deliberativo, o qual suporia um governo em colaboração e a possibilidade de um controle real. Mais ainda, quando se seguem os graus hierárquicos, do maior ao menor, cada grau de poder consiste em absoluto respeito dos inferiores, de sorte que não pode ser condicionado por eles, ao mesmo tempo que estes tampouco o são pelos que lhe estão subordinados. Tendo em conta o dinamismo intrínseco do poder, a acumulação irá sempre tender a aumentar. E não é difícil observar como, embora nem sempre intencionalmente, isto seja o que, de fato, acontece na realidade, com um crescente domínio canônico do papa sobre os bispos, dos bispos sobre os presbíteros, e destes sobre os leigos.[24] Desse modo, foi possível que chegássemos aos intoleráveis exageros do século XIX, por sorte superados no papel, mas por demais influentes na prática:

> ... unicamente no corpo pastoral reside o direito e a autoridade para promover e dirigir todos os membros rumo ao fim da sociedade. Com relação à multidão, não

---

[24] Cf.: "Na vida cotidiana da Igreja, a concepção da hierarquia como superioridade fomenta um mecanismo de atração das competições em face dos superiores, mediante uma progressiva expropriação dos inferiores. A presunção está sempre em favor do nível superior de autoridade, ao qual se atribui maior eficácia, informação, prestígio e iluminação. A realidade organizativa e sociológica da centralização se reveste de razões muito sofisticadas, que se podem condensar na convicção de que toda autoridade deriva do papa, o qual a recebeu de Deus" (G. Alberigo, Autoridad y poder: *Nuevo Diccionario de Teología I*, Madrid, 1982, p. 75-92, em p. 87).

têm mais direito que o de se deixar conduzir e, como dócil rebanho, seguir seus pastores (Pio X, Enc. *Vehementer*, 11/02/1906).[25]

Aqui a teologia está diante de um urgente *hic rhodus*, aqui é preciso levar a sério a profunda guinada iniciada no Concílio, assumir a nova consciência de uma legítima autonomia e retornar à raiz evangélica mediante uma autêntica "verificação vertical" a partir das palavras de Jesus:

> já sabeis que os chefes das nações as tiranizam, e os poderosos fazem deles vassalos. Mas entre vós não pode ser assim. Nem muito menos: quem quiser ser importante, que sirva aos demais; e quem quiser ser o primeiro, que seja o mais serviçal; porque o Filho do Homem não veio para ser servido, mas antes para servir, e para entregar sua vida em resgate por todos (Mt 20,25-28; cf. Mc 10,41-45; Lc 22,25-27).

Felizmente, a teologia conta aqui com dois fatores muito importantes. O primeiro, sua própria experiência histórica, quando, com a liberdade que lhe dava o fato de estudar o problema em carne alheia, soube ver que a origem divina da autoridade não é incompatível com sua mediação pela comunidade. Apoiando-se na afirmação paulina de que "toda autoridade vem de Deus" (Rm 13,1), os reis se atribuíram um poder absoluto com palavras que soam idênticas às muitas vezes usadas para falar do poder papal. Assim, James I da Inglaterra podia afirmar que os reis são "imagens vivas de Deus sobre a terra"; sem eles, o povo é uma "multidão acéfala", "porque os reis não são apenas lugares-tenente de Deus sobre a terra e se

---

[25] Cit. por Y. Congar, *Jalones para una Teologia del Laicado*, Barcelona, 1963, p. 286-287. E as citações poderiam se multiplicar.

sentam sobre o trono de Deus, mas é também o próprio Deus quem os chama deuses".[26] E até mesmo Bossuet lhe fez eco ao afirmar que "o trono régio não é o trono de um homem, mas antes o do próprio Deus";[27] e, por isso, considerava "blasfêmia" toda tentativa de limitar, a partir do povo, o poder que o monarca absoluto havia recebido de Deus, diante de quem unicamente devia prestar contas.

Embora as palavras de São Paulo se referissem diretamente ao poder civil do imperador romano, Belarmino e Suarez conseguiram notar que a origem é certamente divina, mas através da sociedade: o poder vem de Deus porque é necessário para a sociedade, e esta é querida por ele. A teologia soube compreendê-lo e, a partir de então, acabou por fazer disso um bem comum.[28]

Comum para a sociedade..., mas não para a Igreja, onde, não obstante isso, deveria ter aplicação mais evidente: posto que Deus quer a Igreja e que, para ela, é necessária a autoridade, esta vem de Deus. Vem de Deus através da comunidade eclesial. Para isto aponta uma leitura que chega ao nível mais profundo do capítulo II da *Dei Verbum*. Afirmar isso não implica negação do caráter especificamente religioso da autoridade na Igreja, mas o afirma, em vez, por uma coerência intrínseca. Porque nela vem, através de uma comunidade sacramental, toda ela habitada e animada pelo Espírito, de sorte que aquilo que, na sociedade civil, são dinamismos seculares, são

---

[26] *The Political Works of James I*, Cambridge, Mass. 1918, p. 307.

[27] *Politique tirée des propres paroles de l'Écriture Sainte*, 1709, III. ii, 1. Tomo as citações de G. Sabine, *Historia de la teoría política*, México, 1982, p. 294-296 e 400.

[28] Cf., por ex., as exposições clássicas de E. Valton, État: *DThC* 5 (1939) 879-905, princ., 887-890 e A. Bride, Tyranni. tyrannicide: *DThC* 15 (1950) 1948-988, princ., 1953-1966.

vividos e realizados na Igreja como dinamismos de graça. E a graça, segundo a convicção clássica, "não anula e sim aperfeiçoa a natureza". Voltando às palavras de Jesus, isto significa que, com independência das considerações acerca da aplicação ou não à Igreja do conceito estritamente político de democracia, o certo é que, com relação a seu nível mais profundo, se não se quiser usar o conceito, a diferença deve ser vista para mais, nunca para menos: se a Igreja "não é democrática", então, que seja "muito mais que democrática".

Quando se reforça este aspecto, faz-se confluir a influência da autonomia, chamando para uma compreensão renovada dos sacramentos. De algum modo, em paralelo com o dito acerca da revelação, a graça sacramental já não deve mais ser concebida "a partir de cima", como um efeito "milagroso" invisível mediante uma causa sensível. Não se trata de um mero "como se", pois existe um acontecimento real de graça. Mas ele é produzido não porque Deus "comece" a agir e o faça mediante um "instrumento" físico. Ele é produzido porque a subjetividade humana, favorecida, avivada e exercida pelo simbolismo da celebração, abre-se com especial receptividade à presença salvadora de Deus, já sempre ativa e sempre oferecida, em circunstâncias específicas da existência humana.[29]

As aplicações feitas, na hora de pensar nos direitos humanos dentro da Igreja ou de julgar o candente problema da igualdade da mulher, são óbvias. Os primeiros não

---

[29] Ocupei-me do tema em: Os sacramentos hoxe: significado e vivencia: *Encrucillada* 26/127 (2002) 153-176; Los sacramentos hoy. Acontecimiento real sin intervencionismo divino, em: M. É. Gaziaux (ed.), *Philosophie et Théologie*. Leuven, Festschrift Emilio Brito, 2007, 485-508; Los sacramentos: cantecimiento real vs. simbolismo vacío o magia oculta: *Concilium* 344 (2012) 37-50.

apenas não deverão ser descuidados ou feridos na Igreja, mas também, a partir do Evangelho, devem ser radicalizados a favor dos "últimos" e testemunhar a verdade das bem-aventuranças. Já com relação à mulher, nem a alegada inércia histórica nem as declarações autoritárias podem permitir que sua situação na Igreja fique por trás da declaração paulina inaugural: "já não há mais judeu nem grego; nem escravo nem livre; nem varão nem mulher, já que todos vós sois um em Cristo Jesus" (Gl 3,28). Mas não é este o lugar de entrar nos pormenores.

## 3. Autonomia e encarnação: cristologia "a partir de dentro"[30]

Este item precisa de dois esclarecimentos prévios. O primeiro, pelo fato de somente aparecer no final da reflexão; o segundo, em razão de seu próprio título.

É claro que numa teologia "cristã" poder-se-ia ir igualmente ao princípio. De fato, *tudo o que foi dito até este ponto foi desenvolvido sob a luz da revelação acontecida em Cristo*. Mas a influência foi "maiêutica", quer dizer, uma vez "despertada" pelo Evangelho a consciência teológica, esta se voltou para a "coisa mesma", buscando sua inteligibilidade intrínseca. Em terminologia fenomenológica, seria possível dizer que tentou uma "redução", remontando-se à experiência originária para refazer, de algum modo, o caminho que a revelação seguiu até se explicitar em Jesus, o Cristo. Deste modo, não apenas o "seguimos"

---

[30] Aproximei-me deste tema em: La cristología después del Vaticano II, em C. Floristán; J. J. Tamayo (eds.), *El Vaticano II, veinte años después*, cit., p. 173-200; *Repensar la Cristología. Ensayos hacia un nuevo paradigma*, Estella, Verbo Divino, 1996; 6. reimpresión, 2012; El misterio de Jesús el Cristo: divinidad "en" la humanidad: *Concilium* 326/3 (2008) 365-375.

em seu próprio caminho, como também mostramos a universalidade do que ele revelou. Por isso, de maneira muito consciente, o arrazoado procurou uma validade não reduzida ao estritamente confessional e, na medida do possível, aberta inclusive à reflexão filosófica. É, creio, o que Karl Rahner pretendeu dizer quando falou do caráter "fundamental" que toda teologia hoje deve assumir.

A segunda observação refere-se à qualificação "a partir de dentro". Não se trata, de modo algum, de negar a validade das outras duas valências: "a partir de cima" e "a partir de baixo". É óbvio que ambas devam ser mantidas: não se pode entender o mistério de Jesus, se não for vendo-o a partir de Deus; como tampouco se pode fazê-lo sem estar atento a sua concreta humanidade. Servir-se da expressão "a partir de dentro" é uma tentativa de sintetizá-las, chamando a atenção sobre os dois princípios que regeram a reflexão: a partir de dentro do *Deus que cria por amor* e a partir de dentro de uma criação autônoma. Por alguma razão, Jesus Cristo é a "recapitulação" de tudo o que Deus revelou na tradição bíblica (*nyn dè ep'esjatu*: "no momento final": Hb 1,2); e, também por alguma razão, em seu mistério se revela também o mistério do ser humano (GS 22). E se, talvez, procura também se prevenir contra os possíveis resquícios de um dualismo que, situando Deus "fora" de nós — recorde-se do ex abrupto sobrenaturalista de Karl Barth: "Deus está no céu e tu na terra" —, se deixa seduzir em excesso pelas metáforas de "descida" ou, até mesmo, de "mutação" (um Deus que se converteria em ser humano, assim como a água de Caná deixa de sê-lo para ser convertida em vinho).

Manter ambos os extremos intimamente unidos me parece ser a grande tarefa que tem diante de si a cristologia atual. E é nela, creio, que a questão nuclear consiste em se aproximar do mistério de Jesus esforçando-se por descobrir o significado de sua divindade "na" realidade de sua humanidade. Como aconteceu aos próprios discípulos — cujo caminho, como bem o disse Schillebbeeckx, nós também temos de percorrer —, o decisivo é se deixar interrogar pelo assombro de uma humanidade tão aberta a Deus e tão entregue aos irmãos, que se obriga a se perguntar pela razão de sua possibilidade. A isso obedeceram os "títulos" simbólicos que, de "profeta" a "filho", foram sendo atribuídos a Jesus num crescente aprofundamento, até chegarem a sua formulação mais conceitual nos dogmas cristológicos.

E daí para a frente, abre-se igualmente a outra grande tarefa: a de pensar o mistério trinitário, de sorte que possa evitar a Cila de se mover em formulações tão abstratas e mesmo contraditórias que não significam nada, e a Caribde de cair, ou no triteísmo, ou no modalismo. Entre o "falar para não estar calados", que já anunciava Santo Agostinho[31] e o simples silêncio, parece-me que se impõe uma moratória, ancorada no concreto: manter o que quer dizer a riqueza do mistério mediante uma linguagem significativa que fale de Deus como "Pai", de nosso ser filhos no "Filho", vivendo do "Espírito" de sua vida em nós. Resta-nos esperar que, pouco a pouco, seja possível ir dando forma rigorosa às tentativas que buscam significado através da insistência na relacionalidade e na comunhão, e fazê-lo sem incorrer em retóricas de acomodação, que

---

[31] *De Trinitate*, V, 9, 10: "quando se nos pergunta que são estes três, temos de reconhecer a indigência extrema de nossa linguagem. Dizemos três pessoas para não guardar silêncio, não para dizer o que é a Trindade".

transladam para Deus, de forma demasiadamente fácil, o que somente é aplicável na finitude de nosso ser e de nossa convivência.[32]

É toda a comunidade teológica que se precisa empenhar na tarefa. E não resta a menor dúvida de que a cristologia atual deu grandes passos, em certos aspectos com avanços admiráveis. Pessoalmente, à parte alguns ensaios parciais, me atrevi a tentar algo numa monografia sobre a ressurreição. Não sei se fui bem-sucedido, como era e é minha intenção, em manter o mistério divino sem atentar contra a autonomia humana, abrindo assim tanto sua significação salvífica, de acordo com o paulino "ressuscitados com Cristo", como sua validade universal, enquanto fruto da força criadora que, desde sempre e para todos, está exercendo o "Deus de vivos".

Isso, claro, é discutível, como, aliás, toda proposta teológica, em mistério tão profundo. Contudo, além de algumas críticas claramente fundamentalistas,[33] achei estranha uma objeção que acusa de "empirista" a negação da possibilidade de "aparições empíricas" e do "sepulcro *fisicamente* vazio". Estranhei, porque justamente uma das intenções fundamentais do livro era "dar razão" do mistério, mostrando que *é ilegítima a exigência — ela, sim,*

---

[32]  São significativas neste sentido as reflexões de E. Schillebeeckx, *Soy un teólogo feliz*. Entrevista con Francesco Strazzari, Madrid, 1994, p. 84-88. Sobre as enormes dificuldades para conciliar com suficiente rigor as distintas posturas teológicas, cf L. F. Ladaria, *El Dios vivo y verdadero. El misterio de la Trinidad*, Salamanca, 1998, p. 276-296: La problemática moderna de la persona en dios: Las "tres personas" en la unidad divina

[33]  M. Borghesi, *La risurrezione senza il risorto*: 30 Giorni - Ottobre 2006; cf. minha resposta: Visibile o invisibile? Dialogo sulla realtà di Cristo risorto: 30 Giorni - 01 – 2008, e sua contestação ali mesmo com igual título. Publicada em vários idiomas e com milhares de exemplares, sua recensão provocou em certos ambientes uma autêntica perseguição midiática, que ainda dura.

*empirista — de verificação mediante provas "físicas".* O limite essencial do empirismo consiste em aceitar como real somente aquilo que possa ser fisicamente experimentável, e convém ter em conta que a esta exigência cede-se com qualquer tipo de prova física. Por muito que se tente "suavizá-lo": tão empíricos seriam uma "luz" ou um "som" mais ou menos articulado, como uma aparição maciça, no estilo de algumas das narradas (simbolicamente) em Lucas e João, onde o Ressuscitado chega até mesmo a comer. Penso que, dado o caráter transcendente do Ressuscitado, exigir esse tipo de provas torna impossível fundamentar a verdade da ressurreição. Mais ainda: caso estas se dessem, seria uma prova de que Cristo não estaria ressuscitado, da mesma forma que seria impossível provar a existência de Deus se, como pretendia N. R. Hanson, fosse necessário demonstrá-la mediante sua aparição, visível e até tecnicamente registrável, como um Júpiter imenso e estrondoso.[34]

Qualquer que seja o caso, fica evidente quão difícil, delicada e aberta é a atual tarefa cristológica. E isso aponta para seu núcleo central. Repensar hoje o mistério de Cristo, dentro das exigências e das possibilidades da cultura hodierna, pede que se aproveite a riqueza da tradição, ao mesmo tempo que se verifique "verticalmente", mediante uma "redução" (em sentido fenomenológico) à experiência originária. Conseguir fazê-lo, mantendo o realismo de sua humanidade — "igual a nós" — mas preservando o mistério de sua "divindade" — "diferente de nós" — e vice-versa — diferente, mas igual — é o desafio,

---

[34] Lo que yo não creo, em *Filosofía de la ciencia y religión*, Salamanca, 1976, p. 32 e El dilema del agnóstico, p. 22.

seguramente nunca findável na história. E, talvez, seja este o melhor símbolo da difícil e apaixonante situação em que se encontra a teologia pós-conciliar.

# Capítulo IV
## Moral e religião: da moral religiosa à vivência religiosa da moral

## 1. O problema

A moral e a religião aparecem sempre juntas na história humana, mas nunca sem conflitos.[1] A união tende a se converter em confusão nas épocas mais pacíficas e no domínio de uma sobre outra nos tempos de crise. Houve etapas nas quais a religião absorveu a moral, que, desse modo, se convertia numa simples manifestação sua, totalmente submetida a seus ditames. Em outras, a relação se inverte e a moral tende a se elevar como senhora absoluta, de sorte que a religião seria uma simples consequência sua, quando não um puro resíduo histórico. De "terrível parricida" fala um autor recente,[2] sustentando a tese de que a moral, nascida historicamente dentro da religião, se converteu hoje – graças a sua capacidade de universalidade e controle crítico – no critério de sua validade

---

[1]  Para maior clareza, dado que não existe nos autores uma terminologia unificada e sobretudo porque não é preciso para o presente discurso, não distinguirei entre "moral" e "ética": vou me referir a elas em conjunto como as disciplinas que se ocupam do reto uso da liberdade humana na busca de sua realização autêntica, tanto individual como social.

[2]  J. A. Marina, *Dictamen sobre Dios*, Madrid, 2001.

e legitimidade, com evidente tendência a substituí-la nas mentalidades maduras e ilustradas.

Com toda evidência, aparece aqui um problema grave, que não é o caso de ignorar: pretender tapá-lo com uma simples volta ao passado seria religiosamente suicida; e dá-lo por resolvido numa drástica desqualificação do religioso pode resultar humanamente devastador. Por detrás está uma profunda crise histórica, que é preciso compreender e assimilar, se quisermos reconstruir uma relação correta para o bem de todos.

Nestas breves reflexões, que deverão dar muita coisa por suposta, vou me centrar em dois problemas fundamentais, tal como se nos apresenta hoje, depois da nova compreensão a que obriga o trânsito para a modernidade.

O primeiro, de caráter social e institucional, trata de esclarecer a relação estrutural entre moral ou ética e religião. Seu propósito é mostrar que se trata de duas intencionalidades distintas, posto que ambas respondem a duas dimensões humanas originais. Por isso mesmo, sua justa diferenciação não deve levar à eliminação nem à subordinação, mas antes a delimitações das funções que propiciem uma relação correta, numa crítica e enriquecimento mútuos.

O segundo, de caráter vivencial e individual, tenta esclarecer o modo específico em que a vivência moral, comum a todos como humanos, se vive a partir da experiência religiosa. Desse modo, aparece como o papel da religião, concretamente, o de um cristianismo evangelicamente compreendido que, longe de levar a um agravamento angustiante ou opressivo da vivência moral, chama a uma visão libertadora, capaz de iluminar e apoiar o, muitas vezes, duro trabalho de uma moralidade autenticamente humana.

## 2. A síntese espontânea

Em perspectiva histórica, é praticamente unânime a convicção de que as diversas normas éticas ou morais da humanidade tenham nascido no seio da religião ou, melhor, das religiões. Estas constituíram o que se pode qualificar de "contextos de descoberta", em que se afinou a sensibilidade para encontrar as normas morais, que assim apareciam fundadas no âmbito do sagrado e sancionadas por ele.

Os estilos são diferentes, conforme as diversas concepções do sagrado. Nas religiões (mais) naturistas, era a ordem cósmica como manifestação do pano de fundo divino – *maat* egípcia, *met* mesopotâmica, *rita* védico, *tao* chinês... – o que demarcava as pautas fundamentais da conduta correta. Nas religiões (mais) proféticas – Zaratustra, judaísmo, cristianismo, islã – essas pautas são vividas como diretamente originadas e sancionadas por Deus ou pelos deuses, sendo interpretadas como "mandamentos" divinos. O "mais" entre parênteses indica que não se dão características puras: entrecruzam-se formas mistas, nas quais a ordem cósmica e a vontade divina confluem em unidade íntima: o *logos* estoico e a *lei natural* como manifestações da lei eterna na escolástica cristã constituem bons exemplos disso. A moral, remetendo assim a uma fundamentação transcendente, mostra com clareza seu valor incondicional, perante o qual se joga o destino das pessoas e das sociedades: "ponho diante de ti a vida e a morte, a bênção e a maldição; escolhe a vida, para que possas viver feliz, tu e tua descendência" (Dt 30,19).

As normas concretas são sempre *traduções* – mais ou menos acertadas – dessa intenção global, e variam segundo os contextos culturais, os condicionamentos sociais e as etapas históricas. Podem até mesmo parecer contraditórias entre si e, não poucas vezes, levaram a verdadeiras aberrações. Mas seria falta de realismo hermenêutico não perceber que, *apesar de tudo*, essas éticas ou morais "religiosas" constituíram a grande escola da educação humana, verdadeiros laboratórios de humanização no longo processo da história. É suficiente que façamos mentalmente a experiência *contrária*: que seria, por exemplo, da Europa, sem a influência da revolução cristã e, em geral, que seria da humanidade sem a presença do chamado religioso?

## 3. A ruptura da síntese: heteronomia

Mas a cultura humana tende à diferenciação, e o que, de início, se vivia unido acaba sempre por se diferenciar, fazendo valer os direitos dessa diferença. O que se sucedeu também, muito lentamente, com a moral com respeito à religião. A moral foi tomando consciência de sua racionalidade específica, e, pouco a pouco, foi preciso que se perguntasse pelos motivos intrínsecos que tornavam possível ver algumas normas como corretas, enquanto outras eram denunciadas como incorretas. Sucede algo parecido na vida individual: a criança começa aceitando com naturalidade as ordens e orientações de seus pais, mas chega um momento em que precisa se perguntar por que os pais a mandam ou aconselham a fazer isto e, ao invés, a proíbem daquilo.

De fato, na cultura ocidental, este problema aparece desde os primórdios. Já o *Eutrifon* platônico pôs a questão decisiva, ao se perguntar se as coisas são boas – religiosa ou moralmente – porque Deus as quer ou as quer porque são boas.[3] Questão que ocupará também a escolástica e que Tomás de Aquino não terá dúvidas em responder adotando a segunda alternativa: Deus as quer porque são boas. De todo modo, fatores muito importantes, sem chegar nunca a apagar totalmente essa convicção na consciência cristã, conseguiram obscurecê-la, criando na prática, na pregação e na mentalidade espontânea – para muitos, até hoje! – a ideia de que é preciso cumprir as normas *porque* Deus e, em seu nome, a Igreja assim o mandam.

Estava aí, antes de tudo, a leitura literalista da Bíblia, com a impressão ingênua de que Deus "havia ditado" os mandamentos, sem se dar conta de que estes, inúmeras vezes copiados de culturas ou religiões estrangeiras, eram descobertas da consciência moral, que *depois* eram interpretadas – com toda razão – como queridas por Deus.[4] Influiu também a difusão da mentalidade nominalista, que, diante do realismo tomista, afirmava que as normas são boas porque Deus as quer; de modo que ele poderia ter querido o contrário: Ockham chegou a afirmar que "Deus podia mandar que a vontade criada odiasse a ele".[5]

Se isto sucedia no âmbito teórico, o fator prático foi talvez ainda mais sério. No Ocidente, a história havia colocado a Igreja não somente como instância determinante no mundo cultural, mas também como muito poderosa na normativa moral e sociopolítica. Isso foi frutífero para tirar

---

[3]   Cf. P. Helm (ed.), *Divine Commands and Morality*, Oxford, 1981; E. Romerales, ¿El único fundamento *posible de la ética?* Isegoría, n. 10 (1994) 140-149.

[4]   Cf. J. L. Sicre, *Introducción al Antiguo Testamento*, Estella, 1992, p. 109-127; para os contatos e influências externos, cf. a introdução de F. Lara Peinado ao *Código de Hammurabi*, Madrid, 1986, ix-cxx, espec., cvii-cxvi.

[5]   *Quaestiones in quattuor Sententiarum libros*, II, 19.

a Europa do marasmo provocado pela dissolução do império e pelas invasões bárbaras. Mas acabou sendo fatal, quando, a partir do Renascimento, as novas circunstâncias históricas e o amadurecimento da cultura postulavam uma renovação *objetiva* de muitas normas e um avanço *subjetivo* no uso da liberdade. A típica resistência institucional à mudança fez com que, na consciência ocidental, a moral eclesiástica fosse, cada vez mais, percebida como uma imposição que, em várias ocasiões, era até mesmo sancionada pela força: era preciso fazer ou deixar de fazer *porque* a Igreja mandava ou proibia.

As guerras de religião que assolaram a Europa e, muito unido a elas, o auge do *jusnaturalismo* (segundo o qual as normas seriam válidas *etsi Deus non daretur*, "ainda que Deus não existisse"), foram tornando tão aguda a contradição que, em muitos pontos, chegou-se à ruptura. Quando Kant rechaça como *heterônoma*, isto é, como imposição alienante (*heteros* = outro, alheio; *nomos* = lei) toda norma que vem de uma autoridade externa ao sujeito, não está fazendo nada mais que dar forma filosófica a uma crença amplamente estendida.

## 4. A reação polar: autonomia

A autonomia da vontade é o único princípio de todas as leis morais, assim como dos deveres que a elas se ajustam; ao contrário, toda *heteronomia* do arbítrio, longe de fundamentar nenhuma obrigação, se opõe ao princípio dessa obrigação e à moralidade da vontade". Estas palavras de Kant na *Crítica da razão prática*[6] marcam a percepção da nova época. Retomava nelas a intuição que havia sido

---

[6]  Ak V, 33; trad. de R. R. Aramayo, Madrid, 2000, p. 101.

expressa por Pico della Mirandola como sinal específico da "dignidade humana", quando Deus diz a Adão: "Não te fiz nem celeste nem terreno, nem tampouco mortal nem imortal, para que assim, como livre escultor e plasmador de ti mesmo, possas dar a ti mesmo a forma que mais te agradar".[7] Hegel o confirma, afirmando que a realização da liberdade constitui nada menos que o fim da história universal.[8]

Aqui estava inegavelmente em jogo um ponto de não retorno na percepção da moralidade. E tal supõe ainda hoje um desafio enorme. Voltar atrás é impossível; mas assumir isso de forma plenamente consequente exige repensar a fundo as relações entre religião e moral. A tentação primeira, como em toda ruptura crítica, é então a de se valer de posições extremas.

O extremo tradicional busca a saída propugnando a volta atrás, sob a impressão de que a nova proposta aniquila a visão religiosa, pois negaria a soberania divina. Daí brotam interpretações que não veem no processo moderno mais que uma decadência progressiva, que, rompendo a fundamentação transcendente da moral, leva à sua dissolução e, finalmente, à própria negação do ser humano.

A reação tradicionalista de Burke, Huet, De Maistre e De Bonald, por exemplo, foi a mostra extrema disso. Mas mesmo pensadores tão sensíveis como Romano Guardini e Karl Adam se mantiveram fundamentalmente nesta interpretação, que continua tendo numerosos adeptos. Institucionalmente, esta é reforçada pela sensação, mais ou

---

[7]   *De hominis dignitate*, 1530 (tomo o trecho de C. Fernández, *Los filósofos del Renacimiento. Selección de textos*, Madrid, 1990, p. 61).

[8]   *Lecciones sobre la filosofía de la Historia Universal*, Madrid, 1974.

menos consciente, de que reconhecer a autonomia da moral implica uma diminuição da autoridade da Igreja nesse campo e, sem dúvida, obriga a que se abandone toda pretensão de controle exclusivo da consciência moral.

Com relação à reação progressista da postura emergente, a tentação é absolutizar a nova visão da autonomia, até o ponto de, efetivamente, pensar que somente a pode manter negando a existência de Deus. De Feuerbach a Sartre, passando por Nietzsche, para alguns setores importantes da cultura moderna esta percepção passou a se constituir em princípio óbvio: Deus não apenas não fundamentaria a moral, como também significaria sua aniquilação. Ainda M. Merleau-Ponty, embora depois matizasse sua postura, afirmou que "a consciência metafísica e moral morre ao contato com o Absoluto".[9]

Um ponderado realismo histórico, ajudado por uma perspectiva hoje mais ampla, permite ver que entre ambos os extremos é possível uma mediação, que, sem negar as aquisições da nova consciência cultural, permite torná-la compatível, e até mesmo favorecê-la, com os valores religiosos.

## 5. A teonomia como mediação

De fato, como já foi analisado, quando no Vaticano II a Igreja Católica tentou recuperar o passo da história, pondo em dia – *aggiornando* – a compreensão da fé, reconheceu, de modo explícito, a legitimidade da autonomia do criado. O Concílio sabe, é evidente, que a autonomia

---

[9] *Sentido y sinsentido*, Barcelona, 1977, p. 152. Pode-se ver uma descrição sintética deste duplo processo em W. Kasper, Autonomie und Theonomie. Zur Orstsbestimmung des Christentums in der modernen Welt. In: *Theologie und Kirche*, Mainz, 1987, p. 149-175, principalmente, p. 157-166.

pode ser falseada, chegando ao extremo de desconectá-la de toda referência ao Criador (*Gaudium et Spes* 36). Mas não por isso se volta para o extremo oposto, mas antes – recordemos – afirma claramente o caminho da justa mediação:

> Se por autonomia da realidade terrestre se quer dizer que as coisas criadas e a sociedade mesma gozam de leis e valores próprios que o ser humano deve descobrir, empregar e ordenar pouco a pouco, é absolutamente legítima esta exigência de autonomia (ibid.).

No mundo das ciências naturais, apesar de tristes resistências mui custosas para a fé, como no caso do heliocentrismo e do evolucionismo, esta evidência se impôs com força, e exceto certas resistências isoladas, já constitui um bem comum na consciência eclesial. No âmbito ético, por sua maior profundidade humana e graças ao íntimo contato com a vivência religiosa, a aplicação concreta vem a ser mais delicada. Isso explica que Alfons Auer tenha podido constatar que, apesar de tê-lo reconhecido com clareza para a ciência, com respeito à moral, os documentos oficiais católicos "mantêm no essencial a concepção tradicional".[10]

De todo modo, para uma consideração atenta é muito difícil negar que, *estruturalmente*, o problema seja idêntico. A prova está em que o próprio Concílio fale das "leis e valores" tanto das "coisas criadas" como da "sociedade mesma". E, de modo muito significativo, não constitui um simples anacronismo afirmar que, já muito antes, São Paulo tinha falado *a seu modo* de uma autonomia da

---

[10] *Autonome Moral und christlicher Glaube*, 2. Ed., Düusseldorf, 1984, p. 160; cf. p. 160-163.

consciência moral: "Quando os pagãos, por não terem a Lei, praticam naturalmente o que manda a Lei, então, mesmo lhes faltando a Lei, eles são lei para si mesmos" (Rm 2,14).

Não é o caso de entrar aqui em questões de pormenor,[11] para ver que aí ressoa a ideia da própria filosofia estoico-helenística do viver ético como um "viver conforme a natureza" (*homologouménos te fysei dzen*) ou também "conforme a razão" (*kata ton logon*); e para ver assim mesmo que – tanto para Paulo como para os estoicos – essa ideia não desvincula a moral de sua referência ao Divino. Em todo caso, devido ao longo processo de diferenciação cultural, com sua culminação na secularização, nossa cultura está em condições de afirmar, com maior clareza, e defender com mais vigor a justa autonomia da moral. Ao mesmo tempo, a teologia pode esclarecer com mais precisão como essa autonomia não tem por que romper os vínculos com seu fundamento divino.

Por um lado, *historicamente*, é hoje difícil negar que a descoberta da autonomia na cultura ocidental tem profundas raízes na consciência bíblica, pois esta, com a ideia de criação, "desdiviniza", de maneira radical, toda realidade que não seja Deus, abrindo a possibilidade e a necessidade de examiná-la e tratá-la por si mesma, conforme suas leis intrínsecas (a bibliografia sobre esse ponto se multiplicou até o infinito nas discussões acerca do processo de secularização).

Em íntima conexão com isto, *cristologicamente* se tornou evidente que essa autonomia não se põe em

---

[11] Cf. U. Wilckens, *La carta a los Romanos. Rom 1-5*, Salamanca, 1989, v. I, p. 166-179.

detrimento da relação criatural com Deus, mas que, pelo contrário, procede em ordem direta, reforçando-a ao máximo. Quando Feuerbach opina que, "para que Deus seja tudo, o homem tem de ser nada",[12] está desconhecendo a lei fundamental do cristianismo. Porque em Cristo –"quanto mais divino, mais humano"– aparece com clareza exatamente o contrário: a realidade criada, quanto mais aberta está a sua fundamentação em Deus, mais se afirma em si mesma (algo que, como bem notaram Schelling e Kierkegaard, somente é possível para a onipotência criadora, que, justamente porque pode dar *totalmente*, não produz submissão, mas antes entrega plenamente a criatura a si mesma).[13]

A ideia de "criação por amor" permite compreender isso de maneira mais intuitiva, pois, se Deus cria a partir da infinita gratuidade de seu *ágape*, fica claro que somente o faz para nosso bem, buscando e apoiando nossa realização. De modo que cumprir seu projeto criador é *identicamente* realizar nosso ser, ou, ao contrário, realizar nosso ser é *identicamente* cumprir seu projeto criador.

A teologia atual dispõe de uma categoria que expressa muito bem esta relação. Trata-se da *teonomia* que Paul Tillich – não inventor do termo, mas sim seu grande propugnador teológico – explicou de muitas maneiras e define assim:

> A autonomia e a heteronomia estão enraizadas na teonomia e cada uma delas se extravia quando se quebra sua unidade teônoma. A teonomia não significa a aceitação de

---

[12] *La esencia del cristianismo*, Salamanca, 1975, p. 73.

[13] Explicações e referências, tanto para o processo histórico como sobretudo para a fundamentação teológica, podem ser vistas em meu: *Recupera-la creación*, Vigo, 1996, 1ª Parte, pp. 29-160.

uma lei divina imposta à razão por uma autoridade muito superior; *significa a razão autônoma unida a sua própria profundidade*. Em uma situação teônoma, a razão se atualiza na obediência às leis estruturais e se enraizando no poder de seu próprio fundo inesgotável. Sendo Deus (*theos*) a lei (*nomos*) tanto da estrutura como do fundo da razão, ambos, estrutura e fundo, estão unidos em Deus, e sua unidade se manifesta em uma situação teônoma.[14]

Deste modo, numa consciência cristã verdadeiramente atualizada, o processo histórico recebe uma interpretação que, permanecendo fiel a suas raízes, pode acolher sem medo nem reticências, os avanços do processo cultural. Criando desde a livre gratuidade de seu amor, Deus funda e sustenta, mas não substitui; cria, mas para que a criatura se realize a si mesma. Na preciosa expressão de Henri Bergson, "Deus cria criadores".[15] Assim, o chamado divino à realização moral do próprio ser, que, de início, pareceu uma imposição (*heteronomia*), aparece como tarefa insubstituível da própria pessoa, pois é ela quem está convidada a se realizar, optando e decidindo por si mesma (*autonomia*), para acabar reconhecendo sua ação como idêntica com o impulso amoroso e criador de Deus (*teonomia*).

As consequências são importantes, tanto no âmbito institucional como na vivência individual. Antes,

---

[14] *Teología Sistemática*, Barcelona, 1972, p. 116 (destaque meu); cf. F.W. Graf, *Theonomie: Fallstudien zum Integrationsanspruch neuzeitlicher Theologie*, Gütersloh, 1987, p. 11-76: A. Torres Queiruga, La théonomie, médiatrice entre l'éthique et la religion. In: M. M. Olivetti (ed.), *Philosophie de la Religion entre* éthique *et ontologie*, Biblioteca dell' Archivio di Filosofia, Milano, 1996, p. 429-448.

[15] Cf. A. Gesché, *Dios para pensar. I El mal*. El hombre, Salamanca, 1995, p. 233-268.

analisemos brevemente a estrutura fundamental que assim se delineia.

## 6. Não "moral cristã", mas visão e vivência cristã da moral

Levar a sério a criação significa, pois, reconhecer que a criatura está entregue a si mesma, realizando as próprias potencialidades. Nas realidades naturais, isso sucede automaticamente pela lei espontânea de seu ser: o astro marcha seguro em sua órbita, a planta cresce, o animal segue o instinto. Na pessoa humana, enquanto criatura livre, a realização tem de ser buscada e escolhida: isso acontece através da análise da inteligência e da opção da vontade. É seu peso, mas também sua glória. Auscultando os dinamismos de seu ser mais autêntico e analisando as relações mais corretas com seu entorno, tanto natural como social, vai descobrindo os caminhos de sua verdadeira realização, de sua possível "felicidade" (*eudaimonia*) ou o que, nos tratados éticos e morais, costuma ser chamado de sua "vida boa".

Esses caminhos, pois, não lhe são ditados a partir de fora nem estão escritos no céu, mas, sim, inscritos no próprio ser e nas próprias relações, precisam ir sendo descobertos. Alguns aparecem evidentes como manifestação espontânea do dinamismo moral, tais como: não matar, não roubar ou não causar dano sem motivo. Até certo ponto, os "mandamentos da segunda tábua", embora já tenham por detrás uma longa tradição, são um bom exemplo. Outros exigem um esforço consciente e, às vezes, muito complexo, de dilucidação para distinguir o autêntico do espúrio. Esforço sempre ameaçado de se perder no emaranhado dos instintos, dos interesses egoístas ou dos condicionamentos culturais. Pensemos no longo caminho para chegar aos direitos humanos.[16]

Na realidade, dado que a pessoa é uma "essência aberta", sempre em construção e continuamente chamada a explorar novas possibilidades, se trata de uma tarefa infindável. Algo semelhante a quando se explora um novo território, com vistas ao avanço humano, e os caminhos não estão ainda traçados: é preciso ir tateando e se torna inevitável certo grau de aventura, juntamente com o esforço criativo. Por isso, nem sempre se pode pretender a segurança nem, muito menos, esperar por unanimidade. Para se dar conta, basta pensar nos problemas que hoje são planteados pela genética, com suas enormes possibilidades de cura e seus terríveis perigos de manipulação desumana.

Mas o que, sim, aparece claro é que, sempre e em todos os casos, se trata de uma *tarefa humana*: estudando a realidade, trata-se de encontrar aquelas diretrizes de conduta que levam a uma vida mais autêntica e a uma convivência mais humanizadora. Acontece nas sociedades e sucedeu também nas religiões: hoje, uma vez superada a leitura fundamentalista, sabemos que, nesse caso, está também a religião bíblica. Como já ficou insinuado, os "mandamentos" não foram escritos milagrosamente para Moisés em duas tábuas de pedra, mas antes, ao refletir com a própria cabeça, dialogando com os seus e aprendendo do entorno (o próprio Amor Ruibal, no final de sua vida, pensava em escrever um estudo comparativo entre

---

[16] Cf. uma exposição eloquente em J. A. Marina.; M. de la Válgoma, *La lucha por la dignidad. Teoría de la felicidad política*, Madrid, 2000; J. A. Marina, *Los sueños de la razón. Ensayo sobre la experiencia política*, Madrid, 2003, com numerosas referências bibliográficas.

o Pentateuco e o Código de Hammurabi), foi descobrindo aqueles que lhe pareciam melhores como modelos de conduta para o bem do povo. Como eu já disse, só depois, sendo pessoa religiosa e compreendendo *com toda razão* que, na justa medida em que eram bons, esses modelos eram também queridos por Deus, ele – ou aqueles que nos contaram a sua história – os propôs ao povo como saídos da própria boca divina. Com as correspondentes modalidades, o mesmo pode ser dito dos profetas ou dos legisladores deuteronomistas.

Para as presentes reflexões, o significado é óbvio, pois *neste preciso nível*, a saber, com respeito à descoberta das *normas*, isso é precisamente o que, também a partir da teologia, afirmam aqueles que sustentam a *autonomia* da moral. As normas concretas não são uma revelação que venha a partir de fora, mas um encontro feito a partir de dentro, a partir da realidade humana e com meios humanos. Em outras palavras: em si, nessa busca não se trata de um assunto religioso, mas de uma incumbência humana. De modo que, em *princípio* e enquanto permanecermos neste plano, *com relação às normas ou conteúdos*, não há por que haver diferença entre uma ética ou moral ateia e uma ética ou moral religiosa. Certo que, *de fato*, diferenças existem sempre; mas a divisão nasce da dificuldade própria da exploração moral, não tem por que ser definida religiosamente: há diferenças entre religiosos e ateus, mas igualmente entre ateus e ateus ou entre religiosos e religiosos.

Esta consequência não goza – *ainda* – de uma aceitação unânime, pois há autores que continuam afirmando uma especificidade da ética cristã, no sentido de que teria alguns conteúdos somente acessíveis por "revelação".[17] Mas, quando não obedece a uma insuficiente distinção de planos, pessoalmente creio que se trata de uma resistência residual: a mesma que levou a se opor durante séculos (pelo menos, desde Galileu até Darwin e ainda até Teilhard!) ao reconhecimento da autonomia das ciências com respeito à revelação bíblica. Hoje já se tornou evidente para nós que a Bíblia não pretende falar de ciência, mas de religião; de modo que carece de sentido falar, por exemplo, de uma "física cristã" ou de uma "medicina católica". Embora a questão seja mais delicada, creio que já é chegado o momento de afirmar com idêntico direito que a Bíblia tampouco pretende falar de moral (no sentido indicado), mas de religião. Por isso, *pela mesma razão* e *em idêntico sentido*, creio que não se deva falar de "moral cristã".

O sublinhado é importante. Porque a "teo-nomia", ao incluir a palavra "Deus" (*theós*), introduz uma qualificação fundamental na "autonomia". Não para negá-la, certamente, posto que se pretende anular todo o discurso anterior; mas antes para assinalar que existe *outro nível ou perspectiva distinta*, a partir da qual é possível ver sua interna relação com o Divino. Relação óbvia, como já foi dito, para quem crê, a partir do momento em que se reconhece como criatura. Sabe, com efeito, que não somente todo seu esforço de busca, mas antes seu próprio ser e tudo o que nele se manifesta vêm de Deus. Esse provir de Deus, se é interpretado como imposição ou domínio, leva à heteronomia. Mas se, como indica sem chance de dúvida

---

[17]  Cf. referências em M. Vidal, *Especificidad de la ética cristiana: Diccionario enciclopédico de teología moral.* Suplemento a la 3ª edición, Madrid, 1978, p. 1320-1329: E. López Azpitarte, *Hacia una nueva visión de la ética cristiana*, Santander, 2003, c, 12, p. 233-247.

o sentido mais profundo da tradição bíblica, se interpreta como dom infinitamente gratuito e chamado amoroso, com o único e exclusivo interesse do bem da criatura, não só não reduz a sua autonomia, como também a afirma: quanto mais se abre à ação criadora, mais é em si mesma a criatura e mais *se potencializa* sua liberdade.

Desse modo, a tarefa ética, sem perder a dureza que muitas vezes acarreta – dureza *humana*, comum a todos, não algo que afeta somente aos que creem –, sabe que é sustentada e acompanhada por uma Presença que, estando em sua origem, a apoia em seu caminho e a aguarda em seu final. Exatamente ao contrário do que demasiadas vezes se pensa – e até mesmo se ensina e se prega! –, a tarefa ética e sua possível dureza são comuns a todos. Pelo contrário, a vivência é ou pode ser diferente, pois o crente, consciente da companhia divina – que, por parte de Deus, é para todos, mas não todos o sabem ou o admitem –, tem a sorte de vivê-la de uma maneira distinta, como tarefa apoiada, como esforço "agraciado".

O ser humano não é, conforme dizia rudemente J. Monod, "como um cigano (que) está na borda de um universo (...) surdo a sua música, indiferente a suas esperanças, a seus sofrimentos e a seus crimes".[18] A partir da

---

[18] J. Monod, *El azar y la necesidad*, Barcelona, 1971, p. 186. B. Russel diz algo parecido: "O homem é produto de causas que não tinham nenhuma previsão da meta que estavam realizando; que sua origem, ou seu crescimento, suas esperanças e temores, seus amores e crenças não são mais que o resultado de colocações acidentais de átomos; que nenhum fogo, nenhum heroísmo, nenhuma intensidade de pensamento e sentimento podem preservar a vida individual mais além do sepulcro; que todo trabalho das idades, toda devoção, toda inspiração, toda clareza meridiana do gênio humano, estão destinados à extinção na vasta morte do sistema solar; que o inteiro templo da realização humana tem de ser inevitavelmente sepultado sob os escombros de um universo em ruínas – todas estas coisas, se não completamente indiscutíveis, são contudo tão provavelmente certas, que nenhuma filosofia

fé, ele sabe ser um filho amado que sempre, até mesmo quando se desvia e se perde, pode conservar a esperança de um *Abbá* que, como na parábola do Filho pródigo, o espera com os braços abertos. Paul Ricoeur falou com razão "da carga da ética e do consolo da religião". O que deve caracterizar o fiel não é ter uma moral diferente, mas um modo diferente de viver a moral.

Em um plano mais secundário, mas muito importante historicamente, a religião, com a abertura ao Transcendente, com a insistência na origem comum e na presença do Divino na vida humana, constitui, ordinariamente, um "contexto de descoberta" que propicia uma disposição ética e muitas vezes facilita o sucesso nas normas concretas. Já foi dito que, com todas as deficiências e mesmo perversões, *em conjunto* a religião foi uma instância decisiva para a educação da humanidade.

Dentro de seus limites e a partir de um mínimo realismo histórico, fica difícil negar esta constatação. Mas, ao mesmo tempo, convém reconhecer que, pelos motivos indicados no início, hoje aparece gravemente obscurecida. Porque se, por si mesmo, o contexto religioso tende a propiciar a descoberta, quando se "solidifica" na história, "sacralizando" normas que puderam ser corretas em seu tempo, mas que não respondem mais às novas situações, pode influir na direção contrária, impedindo a renovação que abre os caminhos de futuro para a caminhada humana. Infelizmente, é inegável que isto sucedeu na modernidade com valores tão importantes como a tolerância, a liberdade ou a justiça social, que – apesar de suas óbvias raízes

---

que as recuse pode se sustentar" (*Mysticism and Logic and Other Essays*, London, 1918, p. 47-48; cit. por J. Hick, *The Fith Dimension. An Exploration of the Spiritual Realm*, Oxford, 1999, p. 20-21).

bíblicas e de contar sempre com o concurso de muitos fiéis – tiveram muitíssimas vezes que se impor diante da oposição da Igreja ou das Igrejas. Reconhecê-lo constitui um aviso saudável e anima a reconhecer a parte comum da tarefa, animando ao diálogo e à colaboração fraterna para avançar rumo a uma sociedade mais humana e, bem por isso, a partir do ponto de vista religioso, mais fiel ao propósito de seu Criador.

Mas isto já abre a consideração para problemas mais concretos.

## 7. A relação estrutural entre moral e religião

O reconhecimento da autonomia da moral pode produzir de início a impressão de que se trate pura e simplesmente de uma substituição: onde antes estava a religião, deve agora ser colocada a moral. Numa expressão já citada, a moral se converteria na "haste parricida" de sua progenitora histórica. Creio, não obstante isso, que, a estas alturas, não é difícil ver que, mais que de um parricídio – ou, para sermos lexicamente mais exatos, de um "matricídio" –, se trata da emancipação *legítima* de uma filha que chegou à maturidade. No processo normal da vida humana, isso não significa morte real, mas, em todo caso, morte *simbólica*, que não pede o aniquilamento dos pais, mas o estabelecimento de um novo e mais maduro tipo de relação.

Algo assim é justamente o que está pedindo hoje o encontro entre religião e moral. Aí é onde se deve pôr a ênfase, sem reações apologéticas nem agressividades destrutivas. Assim como se pede aos padres, à *religi*ão se pede um cuidado ascético que, sem abandonar o amor, renuncie a uma supertutela que já não é necessária; e à *moral*, uma superação do entusiasmo adolescente que, sem renunciar à justa autonomia, saiba reconhecer limites e agradecer apoios.

Pessoalmente, se tivesse que resumir de maneira simbólica a nova relação, eu diria que, da mesma forma que ocorre com os pais diante dos filhos adultos, não compete à religião ditar normas morais às pessoas, mas antes animá-las e apoiá-las em seu cumprimento. Em outras palavras, o papel atual da religião neste terreno é o de animar a *ser* morais, deixando para a reflexão autônoma o trabalho de ir descobrindo *como* ser morais.

O que passou com a ciência – a Bíblia não interfere na astronomia nem na biologia – e também com a política – separação da Igreja e do Estado – mostra o justo caminho para a relação entre a religião e a moral. Bem entendido e devidamente gerenciado, o que parecia perda acaba por se revelar como ganho inestimável. A *renúncia*, por vezes dura, a funções exercidas no passado, se apresenta então como a *oportunidade* de se concentrar no papel próprio e específico. Papel que, naquilo que se refere à moral, como mostra a ideia de teonomia, enraíza-se sobretudo na remissão ao fundamento. Porque, pondo a descoberto a profundidade infinita da pessoa pela sua origem e pela sua destinação em Deus, permite compreender o valor incondicional da moral.[19] Algo que sempre esteve presente na consciência humana, a qual por isso se mostra capaz, em muitas ocasiões, de sacrificar não apenas a própria comodidade, como inclusive a vida física por defender alguns valores morais. Mas também algo que não é fácil

---

[19] É pena que não esteja traduzido o profundo estudo de P. Tillich, "Das religiöse Fundament des moralischen Handels". In: Id., *Gesammelte Werke*, Bd III, Stuttgart 1965, p. 13-83.

de compreender sem uma fundamentação transcendente. Ilustremos isso com alguns exemplos.

Freud chegou a confessar, em carta a um amigo:

> Eu pergunto a mim mesmo por que aspirei sempre a me comportar honradamente e a mostrar consideração e afeto pelos demais, sempre que as circunstâncias o permitiram". Sempre que me perguntei o porquê disto, ainda depois de me dar conta de que me causava dano a mim mesmo e de que choviam os golpes sobre mim porque as demais pessoas são brutais e traiçoeiras, não fui capaz de me responder, o que está longe de ser razoável.[20]

E mais próximo de nós, Max Horkheimer repete a mesma ideia:

> Visto sob o aspecto meramente científico, o ódio não é pior que o amor, apesar de todas as diferenças sociofuncionais. Não existe nenhum argumento lógico conclusivo pelo qual não se deva odiar se, mediante este, não me ocasiono nenhuma desvantagem na vida social [...]; como pode se fundamentar com exatidão o fato de que não deva odiar, se isso me causa prazer? O positivismo não encontra nenhuma instância transcendente aos homens que distinga entre disponibilidade e afã por tirar proveito, bondade e crueldade, avareza e entrega de si mesmo. Também a lógica emudece: não reconhece primazia nenhuma à dimensão moral. Todo intento por fundamentar a moral em prudência terrena, em lugar de fazê-lo do ponto de vista do mais além – nem sequer Kant resistiu sempre a essa tendência –, se baseia em ilusões harmonizadoras.

---

[20] Carta a James J. Putmam, 8-7-1915 (*Epistolario* 1873-1939, Madrid, 1963, p. 347; cit. por L. González-Carvajal, *Cristianismo y secularización*, Santander, 2003, p. 62-63).

Tudo o que tem relação com a moral se baseia, afinal, na teologia.[21]

Dada a importância do tema, vale a pena citar ainda J. Habermas:

> Certamente, a filosofia pode continuar explicando ainda hoje o ponto de vista moral a partir do qual imparcialmente julgamos algo como justo ou injusto; portanto, a razão comunicativa não está, de modo algum, à mesma distância da moralidade e da imoralidade. Porém, é bem diferente encontrar a resposta motivante à questão de por que temos de nos ater a nossas convicções morais, de por que temos de ser morais. Neste aspecto, poder-se-ia talvez dizer que é vão querer salvar um sentido incondicionado sem Deus.[22]

Somente alguém que desvalorize a transcendência da decisão moral, sobretudo nos *casos extremos*, poderá não ver a importância desta fundamentação divina para dar sentido ao esforço humano. Como em seu diálogo mostraram W. Benjamin e M. Horkheimer, para as *vítimas inocentes* da violência indiscriminada, sem possível remédio histórico para a injustiça de sua morte, o problema do sentido se torna insolúvel sem uma referência teológica. Muito mais se torna ainda, se atentamos a esse último extremo de quem morre vítima de sua própria opção moral.

Ademais, esta fundamentação transcendente ajuda, de maneira decisiva, a manter clara a distinção

---

[21] *La añoranza de lo completamente outro*. In: H. Marcuse, K. Popper y M. Horkheimer, *A la búsqueda del sentido*, Salamanca, 1976, 105s; M. Cabada, *El Dios que da que pensar*, Madrid, 1999, p. 178-180, oferece ademais outras referências.

[22] *Textos y contextos*, Ariel, Barcelona 1996, p. 147; cit. por J. M. Mardones, El discurso religioso de la modernidad. Habermas y la religión, Barcelona, 1998, p. 202-203, n. 22.

fundamental entre *moralidade, moralismo e relativismo*. Como bem mostra a antropologia cultural, as normas concretas variam de uma cultura a outra, até o ponto de levar para muitos ao relativismo moral. E, como o mostra a história, as religiões tendem a sacralizar suas normas, com o perigo de cair em um moralismo que estreita e deforma o livre e aberto espaço da transcendência religiosa. A teonomia, insistindo no absoluto da radicação em Deus e reconhecendo a relatividade – não o relativismo! – de suas concretizações humanas, põe a ênfase no ponto justo: na moralidade, na decisão *incondicional* de querer ser autenticamente morais, embora nem sempre esteja em nossas mãos a segurança do sucesso objetivo.[23] (Sem dúvida, isto não só conflui com a afirmação kantiana de que a única coisa absolutamente boa é a "boa vontade", como também lhe oferece uma fundamentação definitiva).

## 8. A relação institucional: Igreja e moral

De per si, a relação institucional não é mais que a concretização social da estrutura que acabamos de analisar. Mas por isso mesmo pode esclarecer melhor seu significado e ajudar a cair na conta de sua transcendência. Também aqui é preciso falar, ao mesmo tempo, de renúncia e de oportunidade.

De início, segundo o que foi repetidamente assinalado, o reconhecimento da autonomia das normas põe a Igreja diante de uma autêntica "conversão", obrigando-a a renunciar ao papel, exercido durante muito tempo, de ser a definidora, guardiã e mesmo sancionadora das mesmas.

---

[23] Cf. P. Tillich, Moralismo y moralidad: la ética teónoma. In: Id., *Teología de la cultura y otros ensayos*, Buenos Aires 1974, p. 119-129.

Continua certamente de pé sua vocação específica de proclamar – a seus fiéis e a quem queira escutar – a boa-nova do chamado e do apoio divino à *moralidade*, ou seja, à realização das possibilidades autênticas para o indivíduo e para a sociedade; ou, dizendo em linguagem mais religiosa, a escolher o "caminho da Vida". Porém, quanto à definição das *normas concretas* que determinam o conteúdo da realização moral, deve aceitar que essa função está hoje emancipada: é uma função simples e responsavelmente *humana*.

Como tal, como humana, tampouco a Igreja está excluída dela: não se trata de se esconder na sacristia. Somente que, agora, ela deve compreender que, se pretende opinar *nesse campo*, não pode se remeter, sem mais, nem à Bíblia nem à tradição nem à própria autoridade, mas antes, terá de argumentar com *razões propriamente morais*. Razões submetidas, portanto, à discussão pública, tão válidas como válidos forem os argumentos que as apoiem. Tamanha mudança de atitude exige um austero esforço de conversão, não tanto porque, em princípio, não fique clara sua necessidade, mas sim porque vai contra inércias históricas muito arraigadas. Ela pode parecer, às vezes, abandono da própria responsabilidade e, assim, deslegitimar toda tentação de autoritarismo.

Não obstante isso, como sucede sempre com toda conversão autêntica, os frutos positivos são muito importantes se se quer uma Igreja "eticamente habitável"[24], tanto na ordem teórica quanto na prática.

---

[24] Cf. A. Auer, ¿Es la Iglesia, hoy en día, "éticamente habitable"? In: D. Mieth (ed.), *La teología moral, ¿en fuera de juego?*, Barcelona, 1995, p. 335-357; que alude à frase de Von Hügel, falando de uma "Igreja intelectualmente habitável".

1. *Na ordem teórica*, com efeito, permite-se dissipar alguns mal-entendidos que, com demasiada facilidade, foram se instalando como óbvios em boa parte da cultura atual. O primeiro é o de pretender conter a Igreja no âmbito meramente privado. Tal pretensão resulta, sem dúvida, injusta, quando a Igreja, reconhecendo a nova situação e invocando –"com temor e tremor"– o nome de Deus, se situa no terreno da *moralidade*, quer dizer, quando chama e anima uma *vida boa*, que se guie por princípios morais e não por instintos egoístas ou por interesses partidários. É também injusto tentar exclui-la, quando, como qualquer instância pública, intervém no diálogo com argumentos propriamente morais. Então, estes não podem ser desqualificados sem mais apenas "porque vem da Igreja", mas sim porque merecem ser discutidos e ponderados com o mesmo respeito que se tem a argumentos propostos por qualquer outra instância séria e responsável.

Há, ainda, um segundo capítulo de extraordinária relevância. Aludindo uma vez mais à teoria da "haste parricida", agora aparece mais claramente sua profunda inexatidão (e conste que, se insisto nesta teoria de J. A. Marina, é justamente pela seriedade com que ele aborda o tema, diferentemente de tantas outras desqualificações frívolas e nada informadas).[25] Essa teoria parte de dois pressupostos que, à nova luz, não são facilmente sustentáveis.

O primeiro: que o discurso religioso é estritamente privado e, portanto, não universalizável. Mas bastaria a Marina aplicar à religião as razões com que, de forma tão

---

[25] J. I. González Faus e J. Gómez Caffarena estabeleceram com ele um diálogo exemplar. Vejam os textos, com uma resposta não menos exemplar do autor a Faus, em: *Iglesia Viva*, n. 211, 2002, p. 93-120 (o texto de Faus tinha aparecido antes em: *Actualidad Bibliográfica* 77 [2002] 26-33).

justa e enérgica, defende, frente à física, a universalidade da ética, para se dar conta de que, em sua precisa medida, são igualmente válidas para a religião.[26] Na religião, pela sua profunda remissão à Transcendência, tais razões são, sem dúvida, mais difíceis; mas isso não anula nem sua peculiar comunicabilidade nem sua capacidade de universalidade, da mesma forma que não ficam anuladas essas qualidades para a ética pelo fato de ser mais difíceis nela que na biologia (e nesta mais que na física, por sua vez mais difícil aqui do que na matemática... Conviria aqui não nos esquecermos de Husserl, com seu "princípio de todos os princípios").

O segundo pressuposto, muito apoiado no primeiro, pretende que a ética seja aquela que corrige e purifica a religião, considerando, implicitamente, óbvio que ela seria a instância que se manteve pura ao longo da história. Por pouco que se reflita, trata-se de uma abstração galopante, que se apoia numa nítida distinção entre "ética", como limpa consciência dos princípios, sempre pura e impoluta, e "moral", que consistiria nas normas concretas, expostas ao erro e à deformação.[27] Mas essa distinção clara tem muito pouco a ver com a história real, pois as normas concretas "morais", sempre pretendem estar justificadas por uma reflexão "ética". E certamente o próprio Marina aceitará que ela já foi desmentida pela obra que ele mesmo escreveu com Maria de la Válgoma, estudando justamente os obscuros e difíceis caminhos da "invenção moral", onde

---

[26] Cf. p. 204-215. De maneira surpreendente, não obstante isso, agrupa religião e ciência (que, neste contexto, são como água e azeite) perante a ética. O positivismo, que ele com toda razão combate, era mais consequente: perante a ciência agrupava ética, estética, metafísica e religião.

[27] Cf. *Dictamen sobre Dios*, cit., p. 184-185, 224, 234.

também dentro da reflexão propriamente ética se tornam presentes todos os desvios e horrores que, em *Dictamen sobre Dios*, ele atribui, sem mais, à religião.[28]

Sem dúvida, é certo que a religião participou dessas vicissitudes, como também participaram a filosofia e as ciências. Mas precisamente *na justa medida* em que reconhecemos a autonomia da ética, deveríamos, em vez, colocar a ênfase no contrário, confessando que essas são *diretamente* faltas dela e não da religião (da mesma forma que, antes, em sentido *positivo*, reconhecemos que os mandamentos eram diretamente uma descoberta ética, somente depois assumida pela religião). Hoje compreendemos melhor que, quando a religião sancionava uma perversão moral, não estava em seu terreno específico, assim como não estava em sua área quando impunha o heliocentrismo ou a imutabilidade das espécies. Isso não a desculpa sem mais; porém, a culpa, sendo real, não é intrínseca a sua intencionalidade própria, ou seja, não obedece ao verdadeiro *uso*, mas é antes um *abuso*: nasce do fato de se invadir competências alheias (ou de se deixar invadir por elas); no fundo, nasce de não ser fiel a sua missão específica (ou por não ter ainda clareza suficiente sobre ela).

Repito: isto não equivale sem mais a uma desculpa, mas, pelo contrário, deve ser um aviso e um chamado. Assim como a Igreja valoriza seu papel histórico de ter sido muitas vezes um iluminador "contexto de descoberta" para os valores morais, deve confessar o *mea culpa* pelas vezes que, infiel a sua inspiração profunda, dificultou a descoberta de normas legítimas ou sacralizou normas

---

[28] *La lucha por la dignidad*, cit. Algo que se confirma na obra posterior, *Los sueños de la razón*, cit. (ver a conexão que ele mesmo faz nas p. 210-213).

perversas. Daí decorre a importância de esclarecer as relações e situá-las no nível propiciado pelo avanço cultural. Porque, então, a *moral* não tem porque "matar" uma religião que, situando-se em seu papel, pode reforçar seus fundamentos, dar-lhe ânimo e, pelo menos em alguns aspectos, esclarecer o contexto. E a *religi*ão deve reconhecer os direitos e a ajuda de uma "filha" que, uma vez chegada à idade adulta, reclama sua autonomia, descobrindo na mãe defeitos que lhe custa reconhecer ou abrindo-lhe perspectivas novas que já não consegue mais descobrir.

2. *Na ordem mais prática*, as consequências são igualmente importantes. Limito-me a assinalar uma com dupla valência. Reconhecendo a autonomia das normas e renunciando, portanto, ao domínio sobre elas, a Igreja deixa que estas apareçam com clareza em seu caráter de *tarefa humana*. Portanto, não como carga ou imposição divina, naquilo que possuem de dureza; mas como exigência intrínseca da liberdade finita, que afeta igualmente crentes e ateus. Acaba-se assim com um moralismo que levou ao terrível mal-entendido, tão incrustado na cultura moderna, de ver a religião – e, detrás dela, Deus – como aquela pressiona e oprime a existência com proibições e mandamentos heterônomos, isto é, como se fossem impostos arbitrariamente a partir de fora e se opusessem à verdadeira realização humana. As consequências devastadoras que isto pode ter para a fé em Deus foram expostas por Sartre:

> Eu pretendia a religião, a esperava, era o remédio... Porém, mais tarde, no Deus da moda que me foi ensinado, não reconheci Aquele por quem minha alma ansiava. Fazia-me falta um Criador e me davam, em vez, um grande Chefe. Ambos não eram mais que um só; mas eu

o ignorava e acatei sem calor algum o ídolo farisaico, ao mesmo tempo em que a doutrina oficial me tirava todo desejo de buscar minha própria fé.[29]

A segunda valência deixa aparecer a mesma coisa, agora em sentido positivo, como uma oportunidade inestimável para explicitar o verdadeiro sentido da mensagem religiosa neste campo. Se há algo profundamente deformado na pregação eclesiástica, assim como ela chega à consciência comum dos ouvintes, é a sensação de que, em suas orientações, a Igreja esteja buscando uma conveniência própria ou defendendo supostos "direitos" ou "interesses" de Deus. Como se o único e exclusivo interesse de Deus não fosse o bem e a realização da criatura, e como se o sentido da moral não fosse unicamente uma ajuda nessa direção.

Quando se fala, por exemplo, do pecado, a impressão produzida normalmente é de que se esteja defendendo a Deus de um dano que se faz a ele, e não de sua preocupação pelo dano que nos fazemos a nós mesmos, quando, em vez, já São Tomás de Aquino havia dito que "não ofendemos a Deus por nenhum outro motivo senão o de agir contra nosso bem".[30] Não quero dizer que essa deformação obedeça à intenção consciente da pregação, mas é bem sabido que uma mensagem não consta apenas de sua emissão pelo que fala, mas também de sua recepção pelo que escuta: que unicamente se torna real na compreensão concreta. Não tê-lo em conta, ou não tê-lo de modo suficiente, pode levar a catástrofes. Para compreender o muito

---

[29] *Les mots*, Paris 1964, p. 78-79.

[30] *Contra Gentes III*,122. E se recordem as palavras do Pai na parábola do Filho pródigo: "Porque este meu filho estava morto e voltou à vida, estava perdido e o encontramos" (Lc 15,24 e 32).

que se joga nesta questão, é suficiente que se pense na quantidade enorme de pessoas, sem dúvida milhões, que por mal-entendidos neste campo, abandonaram e continuam abandonando a fé.

## 9. A vivência crente da moral

Como não podia deixar de ser, a nova visão repercute também, de maneira decisiva, quando chega a sua aplicação no indivíduo.

1. Uma vivência de fé não pode descuidar hoje do momento de *autonomia*. Já não é possível, nem seria legítimo, aceitar uma norma simplesmente "porque o manda a *santa madre* Igreja". A pessoa precisa saber o *porquê* da norma e, por consequência, segui-la por estar convencida de que seja boa, humanizadora. De modo que um homem ou uma mulher adultos agem moralmente mal, se, convencidos de que uma norma seja incorreta, a seguem, apesar de tudo, somente "porque assim foi mandado". E note-se que, no fundo, isto estava implicado na teoria tradicional da *consciência* (bem formada) como norma última da decisão moral; até o ponto de Tomás de Aquino chegar a afirmar que pecaria quem adorasse a Cristo, pensando que não fosse Deus.

De passagem, isto permite esclarecer um aspecto que talvez tenha ficado obscurecido nos parágrafos anteriores. Quando se diz que a Bíblia não fala de moral ou que não compete à Igreja dar normas morais, se fala *em princípio*. De fato, na Bíblia aparecem uma grande quantidade de normas, e a Igreja não pode ficar muda diante dos problemas concretos. Muitas das diretrizes fundamentais, uma vez descobertas, são evidentes, e é normal que, tanto a Bíblia como a Igreja, as assumam e proclamem. É óbvio que seria algo sem sentido ficar reinventando rodas morais continuamente: há um trabalho que, felizmente, já nos vem pronto da cultura e da tradição.

A questão é somente em que a proposta, sendo legítima como ajuda à "descoberta", não deva, sem mais, se dada como válida para a "fundamentação". Como em todo processo educativo, a proposta tem de ser "maiêutica", ou seja, deve servir para que o receptor acabe vendo *por si mesmo* a razão do que se anuncia como norma. Normalmente, nesses casos fundamentais, a mesma proclamação torna explícita a evidência. Em outros, a proclamação pode ser o passo necessário para que o indivíduo as descubra. E mesmo, em determinadas ocasiões, pode ser *razoável* – sucede em todos os âmbitos da vida – confiar na competência de quem propõe (sempre reconhecendo que, em princípio, *seria* possível a verificação pessoal). Neste sentido, a Igreja, se sabe se mostrar receptiva ao novo e sensível aos chamados da história, tem também direito a esperar que sua longa experiência se converta em aval de credibilidade.

2. Mas é talvez a valência *teônoma* aquela que se deva fazer sentir com mais intensidade na vivência individual. Vivendo o esforço moral como continuação da ação criadora, o fiel compreende que sua dureza não é uma imposição ou um capricho divino, mas que nasce *de maneira inevitável* da condição finita da liberdade. Porém, compreende também que seu esforço está sustentado e envolto por um Amor que "sabe de que barro somos feitos" e que não busca outra coisa senão nos dar ânimo na realização e alento na queda.

Compreendê-lo, leva antes de tudo a eliminar pela raiz o esquema infantil – e infantilizante – de agir bem com vistas ao prêmio e de evitar o mal por medo do castigo. A vivência do fiel, quando é autêntica, é experimentada em sintonia com a aspiração mais íntima e profunda do próprio ser, sustentada pela *graça* de Deus que impulsiona sem forçar, e animada por um *olhar* que compreende sem condenar.

É claro que, para o segundo, convém eliminar com energia as monstruosas doutrinas que angustiaram – e angustiam – a tantos cristãos e que levaram Nietzsche e Sartre a se rebelarem contra uma visão "indecente" que os pregava como insetos contra a própria culpabilidade. Que diferente a visão autêntica de São João da Cruz, que repete, incansável, que "o olhar de Deus é amar"![31]

E para o primeiro – para experimentar a religião como graça – é preciso superar o espírito de escravos, vivendo-se como filhas e filhos, cujo guia não é a lei, senão o amor (cf. Gl 4,1-7); que, conforme a dialética paulina entre indicativo e imperativo, não lhes é pedido, para seu próprio bem, mais que acolher aquilo que previamente lhes é dado: "se vivemos no Espírito, caminhemos conforme o Espírito" (Gl 5,25).

Enfim, é a lei sem lei do amor, que já tinha feito Santo Agostinho exclamar: "ame e faça o que quer". Notem: "o que quer" (dilige et *quod vis* fac),[32] não "o que quiser"

---

[31] Sobretudo nos comentários do *Cântico espiritual*; cf.: também: El mirar de Dios es amar y hacer mercedes (*Obras Completas*, 5. ed. Madrid, 1964, p. 682), "Porque mirar Dios es amar Dios" (ibid., 715). O tema é tão importante, que me permito remeter à exposição mais ampla de *Recupera-la creación*, cit., p. 188-193.

[32] In ep. Joh. ad Parthos: *Tract* VII, 8 (PL 35, 2033). Sobre este texto, nada superficial, pode-se ver o comentário de G. Teichweier, Liebe als Grundlage und Ziel der christlichen Ethik. In: Id., *Prinzip Liebe*, Herder, 1975, p. 104-119, em p. 109-111.

ou "o que quereria"; isto é: segue o chamado real para agir, que te chega de teu ser mais autêntico e profundo, que consiste em amor, pois por amor e para o amor foste criado. E, de novo, São João da Cruz soube dizer o fundamental. Na *Subida ao Monte Carmelo*, portanto, com o realismo de quem não ignora a dureza da subida, culmina o desenho da ascensão afirmando: "Já por aqui não há caminho, porque para o justo não há lei: ele para si é lei".[33]

Em outros termos, a partir da experiência mais autêntica, a *teonomia* não teme ser proclamada como uma *autonomia* tão radical, que nada tem a invejar das mais ousadas afirmações kantianas.

---

[33] Tomado de uma cópia manuscrita, legitimada diante de tabelião: *Obras completas*, cit., 362.

# Capítulo V
## Democracia na Igreja como tarefa pendente

Em 1970, ou Bensberger Kreis – prestigioso grupo leigo de católicos alemães – afirmava: "O ponto nevrálgico da crise do desenvolvimento da Igreja católica não momento atual consiste em que não âmbito eclesiástico não vigoram os princípios da democracia moderna".[1] A correção e a urgência do diagnóstico nada mais fizeram senão serem confirmadas desde então.[2] As consequências trágicas dos fundamentalismos religiosos, por um lado, a extensão irreversível da consciência democrática, por outro, e até mesmo, finalmente, a queda dos regimes autoritários não mundo comunista, mostram que se trata de uma aposta decisiva. A Igreja católica corre ou risco de aparecer, em sua institucionalização visível, com um enorme atraso histórico, que ameaça anular a preciosa experiência que pretende oferecer à humanidade.

Disto se trata, afinal. Nada menos que da responsabilidade pela própria missão: de ter ou não a humilde coragem de enfrentar a própria história para examiná-la à luz dessa missão. Dispostos, portanto, a corrigir e atualizar, a buscar a fidelidade ao profundo, embora seja com o duro

---

[1] Trad. esp. deste documento: *Democratización da Iglesia*, Bilbao, 1973.

[2] Cf: *La democracia en la Iglesia*, Madrid, 1995.

preço de renunciar a hábitos queridos e de empreender reformas que rompam interesses seculares ou refaçam estruturas que se fizeram quase conaturais.

Não é fácil nem o foi nunca. Mas esta necessidade – *ecclesia semper reformanda*: "a Igreja deve estar sempre em clima de reforma"– pertence à sua mais íntima consciência histórica e a leva gravada em vermelho vivo desde a própria fundação: Jesus de Nazaré configurou seu anúncio em contraste estrito e insubornável com uma instituição religiosa atravancada no legalismo e endurecida pela administração autoritária do sagrado.

## 1. A verdadeira questão

Não é fácil, repito. Falar hoje de democracia na Igreja parecerá a muitos algo semelhante a tentar a quadratura do círculo. Mas urge que se enfrente o tema e contamos, apesar de tudo, com elementos suficientes. Embora para isso seja indispensável situar a questão em seu nível justo e verdadeiro. Nível não da teoria abstrata, mas da realização concreta; não da estrutura de fundo, mas do exercício efetivo; não da instituição divina, mas da concretização histórica; não da origem última da autoridade, mas do modo de sua administração comunitária.

Por isso, converter isto em discussão meramente terminológica, seria desviar-se do problema. É a Igreja uma "democracia" no sentido estritamente político do termo? Não é preciso situar-se nesse nível. Como não o é se perguntar se constitui uma "monarquia" em sentido igualmente rigoroso. Quando aqui se fala de democracia, temos de pensar nela como uma "forma de vida", como um "espírito" gerado historicamente com base em valores de participação, corresponsabilidade, deliberação, tolerância, liberdade. Aí, nessa concretização, é onde se joga o que verdadeiramente importa e – não nos enganemos – onde aparecem em todos nós os afetos e as resistências.

Tampouco seria correto o caminho de levar a discussão ao terreno estritamente dogmático. Não está em discussão a legitimidade teológica da função de governo na Igreja nem menos ainda o caráter divino – originado em Deus e como algo a ser por nós aceito – de sua instituição.[3]

Também faz falta que se previna contra deslocamentos terminológicos muito fáceis, com a correspondente confusão semântica. Justamente porque o religioso e o político são campos distintos, com missões peculiares e intencionalidades específicas, não pode haver uma correspondência letra a letra nas afirmações; nem podem ser trasladados, de qualquer jeito, de um princípio ou procedimento institucional para outro: uma comunidade de culto não se organiza como se fosse um comício político, nem é cabível que se administre uma diocese do mesmo modo que um governo civil.

Mas, ao mesmo tempo, é preciso evitar o polo oposto: distinguir não significa tampouco separar nem, menos, se imunizar contra os apelos ou exigências legítimas que possam chegar do outro campo: é igualmente injusta a intenção política de encerrar a Igreja na sacristia, quando, a partir de si mesma, enuncia valores ou exigências que incomodam, tampouco é honesta a pretensão eclesiástica de desqualificar os apelos ou denúncias que lhe vem desde os valores descobertos pelo justo avanço da consciência política. Escudar-se em "divinas palavras" para se defender

---

[3] Sobre isso, ver R. Blázquez, *La iglesia do Concilio Vaticano II*, Salamanca, 1988, p. 225-244: Ministerio e poder en la Iglesia.

de exigências "humanas" muito legítimas é uma tentação perversa da qual nenhuma instituição religiosa pode se considerar imune.

## 2. O democrático na Igreja como fundo e possibilidade fundamental

Quando a questão se propõe assim, na concretude histórica e na realização comunitária, aparece facilmente que a forma, o estilo e o espírito democrático pertencem à vocação mais íntima da Igreja. Interessa mostrar isso e fundamentá-lo com alguns pormenores, embora o discurso deva tomar, por vezes, certo ar de rigor abstrato. Vale a pena, dada a transcendência do tema, e tentarei fazê-lo em passos sucessivos.

### 2.1. Afinidade radical entre Igreja e democracia

Indo logo de entrada às próprias raízes, convém começar por uma afirmação, à primeira vista, algo surpreendente: como Karl Rahner já havia notado há anos, a Igreja mostra, com respeito à democracia, uma afinidade radical mais forte que a da sociedade civil. Porque, a esta última as pessoas pertencem, de modo necessário, pelo mero fato de nascer; ao contrário, "a Igreja, compreendida como magnitude social, se funda apenas na livre fé de seus membros".[4] De sorte que, "enquanto (...) toda a dimensão democrática na sociedade estatal aparece como um movimento em contraposição à pertença forçada como dado prévio, na Igreja a livre associação não somente é

---

[4] Demokratie in diere Kirche? In: Id., *Gnade als Freiheit*, Freiburg/Basel/Wien, 1968, p. 113-130, em p. 114 (Boa síntese em: *Selecciones de Teología* 30/8 [19716] 193-201).

meta como também pressuposto da sociedade eclesial. O sentido e a meta últimos de toda democracia já são, portanto, um pressuposto da Igreja".[5] Claro que Rahner sabe muito bem que há "muita coisa não democrática" nela, a começar pelo próprio fato de que os batizados, sendo crianças, só lentamente podem chegar a uma fé livre, sem a qual não se é membro da Igreja em sentido pleno.[6] Mas isso não tira a radical democraticidade, que não pode nem deve ser anulada ou questionada por nenhuma instância ulterior.

Há ainda outro dado decisivo: pertencem, simultânea e necessariamente, à constituição da Igreja o institucional e o *carismático*, isto é, junto ao necessário governo ministerial está sempre a livre, não planificável e não manipulável iniciativa de seus membros, conforme suas capacidades e qualidades. De maneira que os carismas não são uma "concessão" dos hierarcas, senão um direito estrito, livre e já concedido pelo Espírito. Até o ponto de que "o ministério (*Amt*) se entende de antemão a si mesmo como serviço ao livre carisma, como serviço da discrição de espíritos, como *serviço* à unidade e à comunidade no amor dos muitos carismas com que o único e imanipulável Espírito de Deus presenteia sua Igreja".[7]

Estas considerações parecerão, sem dúvida, "idealistas" quando se olha a situação concreta e se tem em conta o funcionamento real das Igrejas. Mas ainda preciso vê-las em sua verdade radical e irrenunciável, que pode ser ocultada, mas nunca anulada pelo possível abuso; e que,

---

[5]   Ibid, p. 115.

[6]   Ibid.

[7]   Ibid., p. 116.

sobretudo, constitui norma e critério tanto para abalizar qualquer legitimidade como para julgar todo desvio.

## 2.2. Os valores democráticos, na constituição da Igreja

Em um nível mais vivo e concreto, aparece algo não menos fundamental. Por instituição, constituição e finalidade, na Igreja têm sua pátria natural as *estruturas antropológicas básicas* nas quais se funda e apoia o espírito democrático. Basta percorrer o Novo Testamento, para ver com evidência que a vida comunitária que nele se anuncia e promove está indissoluvelmente ligada com os valores de participação, solidariedade, serviço e não domínio que constituem a alma mais autêntica de toda democracia.[8]

A *liberdade*, antes de tudo. "Cristo nos libertou para que vivamos em liberdade" (Gl 5,1), manifestou Paulo, e a Carta de São Tiago falará da "lei da liberdade" (Tg 1,25; 2,12) como pauta radical da conduta efetiva. Uma liberdade que se dá não apenas diante dos "principados e potestades" mais ou menos sobrenaturais, dos quais repetidamente se fala, nem tão somente perante as imposições políticas ou religiosas externas à própria comunidade ("Julgai por vós mesmos diante de Deus se está bem obedecer a vós antes que a ele": At 4,19), mas também dentro dela mesma. Paulo o mostrará em um conflito memorável: enfrentando ninguém menos que Pedro – a quem acabava de considerar um dos "pilares" da Igreja nascente –, defenderá a liberdade própria e a dos cristãos não judeus para não se submeter à lei judaica (liberdade que já antes

---

[8]    Ver a excelente e bem documentada análise de: R. Pesch, Fundamentos neotestamentarios para uma democracia como forma de vida em lana iglesia: *Concilium*, n. 63, 1971, p. 343-354.

havia tido de conquistar corajosamente contra a expressa corrente "oficial": leiam todo o episódio em Gl 2,1-16).[9]

A *igualdade*, em segundo lugar. Baseada no pilar indestrutível da filiação divina, a experiência cristã rompe – talvez, pela primeira vez na história da humanidade – com toda pretensão qualquer desigualdade por princípio. Filhos de um mesmo Pai, todos os homens e mulheres acedem à dignidade indestrutível de pessoas pelo mero fato de existir. Todo o restante – sexo, nação, estado ou ocupação – tem de partir desse princípio fundante e nunca poderá, em elementar legitimidade cristã, atentar contra ele. Expressamente, e até mesmo de uma maneira que ainda hoje seria surpreendentemente radical e escandalosa, disse-o Jesus de Nazaré: "Mas vós não vos fazeis chamar 'senhor e mestre', pois, um só é vosso mestre e todos vós sois irmãos e a ninguém chameis 'pai' na terra, porque um só é vosso Pai, o Celestial" (Mt 23,8-9). Paulo nada mais fará senão elevar este princípio a uma genial síntese mais especulativa, quando tira como consequência universal: "Já não há judeu nem grego, escravo nem livre, varão nem mulher, pois, todos vós sois um em Cristo Jesus" (Gl 3,28). E, repitamos, que a realidade eclesial possa fazer corar a muitos cristãos, quando a comparamos com estas palavras univocamente expressas, não anula a verdade do princípio: simplesmente constitui um apelo à reforma por cima de qualquer desculpa teórica ou de qualquer intenção de ocultamento prático.

---

[9] Sobre a intensidade e a transcendência *teológica* do conflito, com especial detalhe e intensidade: J. D. G. Dunn, *Christianity in the Making. II Beginning form Jerusalem*, Cambridge, 2009, cap. 27, p. 416-494, principalmente p. 470-494.

Finalmente, a *fraternidade*. Não mais tão somente como igualdade de livres, senão como exercício ativo da essência mais íntima. Não basta ser um cristão que não aja como irmão dos demais, no respeito, no amor e na solidariedade. A palavra "irmão" passa mesmo a se converter em designação dos cristãos; além do mais, tal sucede em correlação com sua definição mais íntima e radical: a de quem pode chamar a Deus *Abbá* (isto é, literalmente, "papai"). No mais, seria ocioso insistir em que esta fraternidade equivale à única e suprema norma, que resume tudo para com Deus e para com os homens: o amor real e verdadeiro, o amor igualitário, "democrático", justo porque deve se dirigir preferentemente aos pequenos, aos pobres, aos marginalizados.

Que estes valores significam de verdade espírito democrático o confirma uma importante constatação terminológica: "Para designar os 'serviços' exercidos por indivíduos na comunidade, assim como as tarefas e trabalhos efetuados na missão e na vida comunitária, escolheram constantemente uma palavra que 'nunca é associada a uma dignidade ou posição especial':[10] *diakonía* [serviço]. A eleição desta palavra indica que as primeiras comunidades quiseram significar com ela uma atitude (resultante da liberdade, igualdade e fraternidade dos cristãos) de disponibilidade para a organização da comunidade, e não um 'cargo' feito de prerrogativas e competências que havia sido a origem da obrigação ao serviço".[11]

---

[10] E. Schweizer, *Gemeinde und Gedmeindeordnung im NT*, Zürich, 1962, p. 157.

[11] R. Pesch, *L.c.*, 349.

Cf., por ex., P. Benoit; M. Y. Boismard, *Synopse des Quatre Evangiles II*, Paris, 1972, § 321, p. 386.

## 2.3. O ensino e atitudes de Jesus

Realmente, mais concretude não seria necessária, para assegurar a verdade e a seriedade "democrática" dos valores que, segundo os próprios escritos fundacionais, devem articular o funcionamento comunitário da Igreja. E, contudo, existe ainda uma maior concretude: a que chega das palavras do mesmo Fundador. Palavras tão claras e contundentes, que somente podem ser obscurecidas pela força de uma longuíssima rotina histórica E, sobretudo, pela terrível capacidade de revestimento ideológico inerente a toda forma de poder. (Capacidade tanto mais eficaz quanto não dependente sem mais da boa ou má vontade dos detentores do poder, mas que obedece a leis objetivas das quais muito dificilmente alguém pode escapar. Por isso, é tão indispensável um controle objetivo, somente possível no diálogo comunitário, livre, crítico e aberto. Convertê-lo em questão subjetiva – seja para criticar, seja para se defender da crítica – equivale a deformá-lo substancialmente, anulando sua eficácia.)

Já aludi anteriormente à expressa proibição de Jesus de que ninguém se chame "mestre" ou "pai". É preciso ler todo esse capítulo 23 de Mateus, para ver a profundíssima e dura crítica dele contra todo endurecimento da instituição religiosa: tão difícil que lhe custou a vida (e hoje certamente custaria uma fulminante excomunhão a quem quer que fosse).

Mas há ainda outra passagem mais explícita ou, quando menos, mais estrita e diretamente relacionada com nossa questão. Porque nela Jesus põe em contato direto os valores que condicionam qualquer tipo de governo, justamente para mostrar a contraposição entre o que ele propugna para sua comunidade e o que então – só então? – era corrente na sociedade política. Eis o texto:

> Já sabeis que os chefes das nações as tiranizam; e que os poderosos as dominam. Mas entre vós não pode ser assim. Quem quiser ser importante, que sirva aos outros, e quem quiser ser o primeiro, que seja o mais serviçal. Pois nem o Filho do Homem veio para que o sirvam, e sim para servir, e para entregar sua vida em resgate por todos (Mc 10,42-45; cf. Mt 20,25-28; Lc 22,25-27).

A comunidade cristã primitiva, que recebeu estas palavras de Jesus, as meditou longamente e as enriqueceu pondo-as em contextos diversos. Marcos e Mateus – que provavelmente representam a cena original – as situam como resposta à petição de *poder político* por parte da mãe dos filhos de Zebedeu. Lucas as traslada à Última Ceia, talvez por deferência com João e Tiago, que nessa narração ficavam muito mal, mas também – e isto interessa mais – para "responder a dificuldades da Igreja primitiva"[12] em *questões eclesiais* de presidência e serviço na Eucaristia. Isso compete com a versão do Quarto Evangelho, que situa também na Ceia essa mesma lição de Jesus – em um lugar tão importante, que de alguma maneira supre à instituição da Eucaristia! –, quando diz, depois de lavar os pés aos discípulos:

> Compreendeis o que fiz convosco? Vós me chamais "Mestre" e "Senhor", e dizeis bem, porque eu sou. Logo, se eu, o Senhor e o Mestre, vos lavei os pés, também vós deveis lavar os pés uns aos outros. Eu vos dei um exemplo, para que, como eu fiz convosco, assim façais também vós (Jo 13,12-15).

---

[12] R. Pesch, *L.c.*, 349.

De modo que o princípio é total e sem exceção: em qualquer âmbito da conduta o único comportamento legítimo, sobretudo para os que têm mando ou ofício, é sempre a igualdade a partir de baixo, o serviço humilde, a comunhão profunda na tarefa comum.

## 3. Se não "democracia", então "muito mais que uma democracia"

Para dizer a verdade, quando se pensa em tudo isto, o que é verdadeiramente assombroso é como um mandato tão severo e tão explícito, pronunciado com palavras tão autênticas e com um significado tão unívoco e inconfundível, pode acabar sendo "interpretado", acomodado e mesmo tergiversado (*tergi-versar* significa, ao pé da letra: "dar a volta" em algo) na prática eclesiástica. Imagine o leitor se sobre o sexo ou sobre qualquer questão cultual existissem palavras semelhantes: a interpretação seria implacavelmente literal e a pressão institucional, provavelmente, asfixiante.

### 3.1. Prevenir-se contra o "positivismo da tradição"

Mais de acordo com nosso propósito é ainda a simples constatação de um fato real. Os evangelhos põem na boca de Jesus palavras referentes ao primado de Pedro (Mt 16,17-19; Lc 22,31-32; Jn 21,15-18) ou ao "poder de atar e desatar" (Mt 18,18; Jn 20,23). Todo mundo sabe quão difícil é uma leitura crítica destas palavras e dos conseguintes rios de tinta que foram e são escritos tanto acerca de sua autenticidade como acerca de sua interpretação.[13] Pois bem, olhem a prática institucional, e verão que a situação

---

[13] Cf., por ex., J. Delhorme (ed.), *El ministerio y los ministerios segúno el Nuevo Testamento*, Madrid, 1975; J. Aguirre (ed.), *Pedro en la iglesia primitiva*, Estella, 1991.

se inverte completamente. Sobre estas palavras, não tão seguras em sua autenticidade e, com certeza, imensamente mais discutíveis em seu significado, edificaram uma estrita práxis sacramental e um enérgico modo de exercer o poder e o governo. Ao contrário, aquelas outras, que marcam com clareza inconfundível o estilo que o próprio Jesus, com todo o peso de sua autoridade, quer para o modo e o estilo desse mesmo governo, ficam praticamente anuladas em sua tradução *institucional*.

Compreende-se que não levaria a parte alguma insistir de modo personalizante ou culpabilizador nesta comparação, que, ademais, nos julga a todos (quem de nós não peca sete vezes ao dia na pequena parcela de poder que lhe corresponde na trama social?). Interessam unicamente seu sentido objetivo e a importante lição que dela se depreende.

Antes de tudo, impõem uma precaução: a de nos pormos em guarda contra o encobrimento inconsciente que o processo histórico opera sobre as palavras do Evangelho. O que, em seu momento, foi claro e transparente pode se converter até mesmo no contrário, pelo simples passar do tempo, apoiado na inércia e no peso das instituições que se foram configurando ao atravessar das distintas épocas de nada menos que dois mil anos. O que, seguindo a Peter Berger, Edward Schillebeeckx chama de "positivismo da tradição"[14] tem uma força enorme: no sentido de que tudo aquilo que chega como herança do passado e que, em seu tempo, teve justificação enquanto resposta concreta às necessidades que o suscitaram, tende a se absolutizar. E se converte assim em norma para todos os tempos, chegando muitas vezes a ir contra seu próprio sentido original. P.

---

[14] Menschen. *Die Geschichte von Gott*, Freiburg/Basel/Wien 1990, p. 276.

Congar falou há tempos dessas tradições tão "autênticas", que não vão muito além do século XIX ou do XVII. Algo que, aliás, qualquer um pode comprovar em seu mecanismo aberrante quando observa suas formas mais caricaturais, como podem ser as dos seguidores de Mons. Lefèbvre ou os diversos fundamentalismos.

O grave é que, aquilo que é fácil detectar na caricatura, não o é tanto nas formas mais sérias e estabelecidas. Porque, então, o peso objetivo de conceitos longamente trabalhados e assumidos pela tradição, bem como, em muitos casos, a sinceridade subjetiva dos defensores, lhe conferem peso e verossimilhança. Mas, por isso mesmo, é preciso alertar para a lucidez e se abrir humildemente para a coragem da autocrítica, para não se deixar levar pela magia das palavras.

## 3.2. Prevenir-se contra as palavras abstratas

Concretamente, é preciso insistir no perigo, já aludido, de perversão do sentido genuíno mediante o recurso às palavras abstratas. A manifestação mais forte, neste sentido, é a de afirmar que a Igreja não pode ser uma "democracia", posto que ela pertence à ordem do "mistério", sendo, como é, de "instituição divina". Ainda que incorrendo no risco da repetição excessiva, convém algum esclarecimento.

Evidentemente, aqui se trata, com efeito, de dois planos distintos. A democracia civil se move no plano político e remete ao modo de governo que os cidadãos se dão a si mesmos mediante procedimentos concretos, que podem ser muito diversos, com o fim de organizar e fomentar a convivência social, o avanço cultural e o progresso econômico. a Igreja já nasce dentro da sociedade civil, por iniciativa divina e como oferta livre em ordem à realização integral – à *salvação* – da humanidade. Não existe, pois, uma correspondência estrita ou biunívoca que permita trasladar sem mais os conceitos de uma para a outra.

Mas tampouco se trata disso (se bem que surja aí um problema apaixonante, que não pode ser tratado agora, mas que remete a uma mais justa concepção do "sobrenatural" e do significado da "revelação": muitas afirmações a esse respeito estão ainda por demais carregadas de um dualismo exagerado e de uma concepção positivista da revelação). Aceito o caráter específico da Igreja, o que importa é examinar como obter sua melhor *realização histórica*. O "mistério" não se realiza no ar, senão na concreta carne humana. E o único modo de respeitá-lo e preservar sua especificidade consiste justamente em encarná-lo em modos comunitários que mantenham da maneira mais clara possível sua abertura rumo à transcendência e reflitam de algum modo um estilo "divino" nas relações interpessoais. Nisso entram, portanto, em jogo dois fatores fundamentais: o *perene* da orientação de fundo e o *histórico* da realização concreta.

O primeiro fator está claramente expresso nos textos fundacionais do NT, sobretudo nas palavras e atitudes de Jesus. Fica pendente o segundo, que consiste em buscar na história aqueles modos que respondam melhor a essa orientação e a refletem fielmente na circunstância de cada época. E isto não está dado de antemão. De fato, a Igreja foi aprendendo sempre dos contextos que atravessou ao longo de sua marcha no tempo. As instituições judaicas influíram de modo decisivo em um primeiro momento; foram depois as estruturas administrativas do mundo helenístico e do império romano; na Idade Média se fez sentir fortemente a influência do regime feudal; com a entrada do mundo moderno influiu o espírito da monarquia absoluta, reforçado depois pela reação contra a Revolução Francesa; começou também nesta época a se fazer notar a pressão do espírito democrático, que no Vaticano II recebeu um forte impulso legitimador e marca ao vivo a consciência de muitos cristãos atuais.

A questão decisiva é então: qual destas maneiras oferece *hoje* melhores possibilidades para preservar e realizar o genuíno impulso fundacional? Uma olhadela ao funcionamento real da Igreja não pode ocultar que está prevalentemente modelado sobre os modos pré-democráticos: certa nomenclatura judeo-helenística – *presbyteros, epíscopos, summus pontifex* – designa uma estrutura de governo a qual transparecem o *ordo romanus*, a estrutura feudal e o centralismo da monarquia absoluta. Negar a este fato uma compreensão histórica, não seria realista. Mas absolutizá-lo ou, menos, sacralizá-lo, resistindo a todo avanço, não seria evangélico. E é curioso que o mesmo princípio que permite compreender, de algum modo, a legitimidade da situação anterior, impulsiona claramente a buscar a renovação atual de corte democrático: também nosso tempo *tem direito*, ao menos em princípio, aos modos de encarnação institucional que acolham seus avanços e reflitam seus melhores impulsos.

Só restaria então examinar se de fato esses avanços e impulsos são compatíveis com o espírito evangélico, e mais acomodados para encarná-lo em nosso tempo.

Pois bem, posta assim a questão, dificilmente dá para rechaçar uma resposta afirmativa. Antes de tudo, pela óbvia afinidade, antes analisada, entre os *valores* democráticos e as atitudes de liberdade, igualdade, fraternidade e serviço propugnadas por Jesus. Dá-se, ademais, uma circunstância muito significativa, e de alcance universal: a descoberta de tais valores não representa um simples *novum* com respeito ao Evangelho, como se houvesse nascido com total independência do mesmo. Tudo indica, em vez, que esses valores são como um reflorescimento da semente evangélica, no sentido de que somente graças ao impulso original da experiência cristã puderam aparecer em nossa cultura: sem cristianismo é muito provável que a verdadeira democracia *universal* não tivesse aparecido no Ocidente (a grega, grande a seu modo, não deixava de ser a democracia de uma minoria elitista sentada sobre as espaldas dos escravos, "como animais" privados de todo direito). Até o ponto de haver sério fundamento para interpretar a história da emergência da democracia como a luta que esses princípios, uma vez semeados pelo Evangelho na consciência humana, sustentaram para romper as resistências dos distintos poderes que tentavam afogá-los. Poderes sociais, econômicos e políticos. E também religiosos.

Este último faz com que nos demos conta de duas implicações importantes: 1) Que a origem religiosa não significa posse por parte das Igrejas, pois, Cristo propugnou esses valores em favor do homem e da mulher *como tais*, não *enquanto* seres religiosos (recordem a parábola do juízo final: pobres, famintos, presos...). 2) Que quando, desde o progresso da sociedade civil (acompanhada também, por muitas instâncias, pela religiosa), chega à Igreja o apelo para esses valores, não se trata de uma exigência alheia, mas, pelo contrário, de um chamado a voltar a seu ser mais íntimo e autêntico. Em termos religiosos, isso se traduz literalmente como apelo à "conversão". E por isso alguns teólogos falam neste caso de *profecia externa*: "externa", por vir de instâncias não eclesiais; "profecia", porque convoca à fidelidade e ao apelo intrínseco do Senhor.

Concretizando, pois. Em estrito purismo terminológico pode haver quem encontre motivos para resistir a aplicar à Igreja a palavra "democracia" (como seguramente tampouco a chamará de "monarquia"). Mas essa resistência terminológica não pode ser usada como muralha de contenção para tampar a exigência dos valores reais. Porque é claro que estes, para além desse tipo de discussão teórica, representam a direção efetiva que Cristo buscava para sua comunidade.

Tentemos, se não, imaginar uma organização social montada sobre a busca da igualdade radical entre seus membros, como "filhos e filhas" de um mesmo "Pai"; de sorte que o amor seja o critério supremo e o único limite da liberdade (cf. 1Cor 8,1-13); onde o serviço e nunca o benefício constitua a norma de todo cargo; onde aquele considerado maior tenha que se considerar "servidor" dos pequenos e buscar sempre o último lugar... Uma comunidade que conseguisse isto, seria, sem dúvida, o paraíso de qualquer espírito verdadeiramente democrático. E, com certeza, iria diretamente de encontro a todo tipo de governo ou administração autoritários. A forma concreta terá de ser construída, mas a *direção* é clara e inequívoca.

Se, pois, se diz que "a Igreja não é uma democracia", a negação somente terá um sentido evangelicamente honesto quando busca aperfeiçoar as formas concretas de governo democrático em direção a esse ideal, nunca tentando cortá-lo. Ou seja, somente é lícito afirmar que a Igreja não é uma democracia, quando com isso se quer significar que é *muito mais que uma democracia*.[15] No sentido de que qualquer realização concreta sempre estará chamada a buscar um desejo ainda mais "democrático", isto é, mais livre, igualitário, participativo e antiautoritário. A Igreja tem o mandato estrito de seu Senhor de

---

[15]  P. Ricouer – referindo-se a Rm 5,12-21 e apoiando-se em K. Barth – salientou a importância desta categoria paulina do *polló mállon* ("mucho más"): cf. *Historie et vérité* (1955), 3. ed., Paris, 1964, p. 122-127.

avançar sempre por este caminho e de se deixar julgar por esta norma suprema.

### 3.3. "Corpo de Cristo" e "Povo de Deus"

Entende-se agora a cilada mortal que, para o espírito evangélico, se pode esconder em certas *estratégias verbais*, que tiveram eco em algumas instâncias teológicas e mesmo em importantes esferas oficiais. Concretamente, me refiro à insistência nas denominações de "mistério", "sacramento" ou "corpo de Cristo" para se referir à Igreja. Coisa em si legítima e iluminadora, é claro. O perigo está em acentuá-los de tal modo que sirvam para silenciar ou pelo menos pôr na surdina a denominação de "Povo de Deus". Sem negar, é óbvio, que são igualmente ilegítimas as tentativas na direção contrária.

Evidentemente, um símbolo não é uma fórmula matemática nem sequer uma descrição literal; mais que a exatidão, ele quer sugerir, remeter ao propriamente inefável, chamando à imaginação criadora. Por isso, cada símbolo tem seus limites como também suas vantagens. Há aspectos, como podem ser a solidariedade íntima ou a iniciativa divina, que talvez sejam mais bem sugeridos pelos símbolos de "corpo" ou "sacramento". Mas há outros, como a responsabilidade, a liberdade ou a igualdade, que se intuem mais claramente no símbolo do "povo". Jogar um contra outro, pode ser útil para completar, mas nunca para excluir. E tentar rebaixar a força esclarecedora da expressão "povo de Deus", justamente quando se trata de pôr a Igreja em dia na urgente e decisiva tarefa de atualizar suas formas de governo, pode ser grave.

Grave, porque, como se viu, ressoa aí uma irrecusável chamada do mesmo Jesus. E também porque esse ponto foi reconhecido de modo muito expresso e fundamental pelo Concílio, o qual, apesar das conhecidas transações a que se deveu submeter o texto, iniciou aqui uma verdadeira "revolução copernicana". Na Constituição sobre a Igreja – *Lumen gentium* – deu, muito conscientemente, a volta ao modelo pré-conciliar, para assentar o "mistério da Igreja" (cap. I) em seu caráter primeiro e radical de "povo de Deus" (cap. II), e somente depois, já dentro dessa base comum, estuda sua "constituição hierárquica" (cap. III). Descuidar ou melar este processo, dele tirando o potencial renovador em nome de apelos ao mistério ou acudindo à "soberania" abstrata de Cristo, para se prevenir contrarreformas urgentemente exigidas pela história e que remetem, com toda evidência, às concretíssimas palavras de Jesus, o Cristo, supõem uma tergiversação objetiva tanto do espírito conciliar como do evangélico.

Insisto de novo no caráter "objetivo" do processo, porque seria injusto, e certamente esterilizante, entrar em processos de intenções pessoais. Poderia, ademais, impedir a compreensão das consequências disso na dinâmica eclesial. Porque uma vez obscurecido o verdadeiro sentido da questão, são produzidos efeitos perversos que a enredam ainda mais, impedindo todo avanço efetivo.[16]

O primeiro poderíamos chamar de *demonização* da *crítica*. Como não se esclarece suficientemente o fato de que o que está em juízo não são os princípios dogmáticos nem a constituição divina da Igreja, a crítica é quase fatalmente interpretada como infidelidade ao Evangelho e

---

[16] É significativo ver como as inegavelmente inteligentes, mas defensivas, considerações de J. Ratzinger na entrevista com V. Messori (*Informe sobre la fe*, Madrid, 1985, p. 53-62) são pobres e abstratas se comparadas com as de seu livro anterior de formoso título: *El nuevo pueblo de Dios* (*Das neue Volk Gottes*, Düsseldorf, 1969).

ataque à Igreja. Não se dá espaço à possibilidade de que, quando legítima, a crítica busque justamente a fidelidade em uma melhor realização daqueles princípios, e mostra seu amor na intenção de atualizar e melhorar o funcionamento institucional.

E. Schillebeeckx põe o dedo na ferida quando analisa como, por tal procedimento, o conflito se situe, por princípio, "na ordem do pecaminoso". Concretamente, fica sempre caracterizado como "desobediência dos súditos" frente aos superiores: "Nesta perspectiva, a história prática dos conflitos é vista *a priori* como fruto do pecado; de uma maneira tal, que nesta lógica, cada conflito é rechaçado a favor da posição mais forte, isto é, da hierárquica, e declarado como pecado com respeito à base". Com isso, criam-se, por um lado, "sentimentos tanto de impotência e nulidade como de desencanto e resistência, até de aversão" E, por outro, "coloca a hierarquia em uma zona imune, a salvo de todo ataque".[17] Palavras claramente muito sérias, por parte de um teólogo responsável. Mas respondem, ao menos em grande medida, à realidade. E têm ainda outro importante efeito negativo: a *crítica emigra fora da Igreja para regressar como ataque à fé*.

Na Espanha da transição isso se comprova com especial clareza: o silenciamento ou desqualificação da crítica interna, por mais que tenha interesse pastoral e evangélico, faz com que somente seja possível a crítica externa, isto é, a que não se pode impedir, a que chega, à força, das instâncias extraeclesiais. Assim se paga muitas vezes o preço terrível de que, confundido com a política eclesiástica, seja atacado o próprio Evangelho (uma responsabilidade que,

---

[17] *L. c*, 263.

tenho a impressão, a história, sem sequer esperar muito, julgará duramente).

E é significativo que esse silenciamento da crítica interna por parte da hierarquia venha sempre acompanhado pela contundência da crítica que ela mesma exerce sobre o poder civil. Que muitas vezes tenha toda a razão – por exemplo, quando pede maior democracia e participação – marca ainda mais a defasagem: exige-se para os de fora o que não se está disposto a praticar na própria casa.

Eu mesmo sou consciente do quão duras podem ser estas palavras, e compreendo que muitos não saberão ver nelas mais que desamor, agressividade ou amargura. Somente me cabe afirmar, em *consciência*, que nascem de minha responsabilidade de teólogo e de meu interesse pela presença verdadeiramente salvadora do Evangelho entre os homens e mulheres de nosso mundo.[18]

## 4. Caminhos concretos da possível democratização

Até aqui a reflexão se ocupou do "espírito" democrático e das "questões de princípio". Agora, vamos aludir a algumas das possibilidades concretas que golpeiam com insistência à porta da reforma eclesial. Tentarei ser breve, embora, por sua importância imediata, será conveniente tocar ainda um difícil e complexo problema de princípio: o da autoridade na Igreja.

---

[18] Advirto que foram escritas muito antes de que também minha obra pudesse ter sido afetada neste sentido.

## 4.1. O poder na Igreja: origem divina e administração histórica

Tentemos ser concretos. "Na democracia, a autoridade vem do povo como delegação sua, enquanto na Igreja, vem de Deus." Esta é, em certo modo, uma afirmação padrão, que, muitas vezes, pretende frear de início toda discussão. E, apesar disso, não é evidente em nenhum dos dois extremos. Sem negar à frase – em um determinado nível reflexivo – um possível sentido correto, cabe também afirmar corretamente o contrário: também na democracia o poder vem de Deus, e também na Igreja vem do povo. Na carta aos Romanos se diz explicitamente:

> "Submetam-se todos às autoridades constituídas, pois, não há autoridade que não provenha de Deus, e as que existem, por Deus foram constituídas. De modo que, quem se opõe à autoridade, se rebela contra a ordem divina, e os rebeldes atrairão sobre si mesmos a condenação" (Rm 13,1-2).

São Paulo sabia bem dos abusos por parte da autoridade e da conseguinte legitimidade da crítica e da resistência. Mas o que afirma é evidente a partir da fé na criação: "é evidente (...) que a comunidade política e a autoridade pública se fundam na natureza humana e por isso mesmo pertencem à ordem prevista por Deus" (*Gaudium et spes* 74). Assim o interpretou toda a tradição e por isso os reis se proclamavam reinando "pela graça de Deus". Chegou a se tomar isso tão à letra, que se sustentou que os reis somente a Deus tinham de dar conta de sua gestão: ainda em pleno século XVII Bossuet considerava "blasfêmia" toda tentativa de limitar a partir do povo o poder que o monarca absoluto havia recebido de Deus.

Contudo, o progresso da consciência civil chegou a compreender e aceitar que a "origem divina" do poder não impunha o modo concreto nem de sua transmissão nem de seu exercício. A citação anterior da *Gaudium et spes* continua: "ainda quando a determinação do regime político e a designação dos governantes se deixem à livre designação dos cidadãos". Hoje a legitimidade da democracia está unanimemente aceita e mesmo reconhecida como importante progresso. Também pela Igreja: "merece louvor a conduta daquelas nações nas quais a maior parte dos cidadãos participa com verdadeira liberdade na vida pública" (*Gaudium et spes* 31).

Mas dentro da Igreja ainda não se deu um progresso paralelo. Historicamente houve fortes resquícios de resistência com respeito ao poder político: foi sentido no pacto com o absolutismo depois da Revolução Francesa e no estabelecimento – em 1925! – da festa de Cristo Rei.[19] Mas foi no âmbito eclesiástico que a resistência não somente se manteve, mas endureceu. Não sem certa influência latente da concepção neoplatônica, vertical e descendente, da "*hierarchía*" – a palavra não existe no NT–, um modelo "doutrinalmente inferior às monarquias absolutas europeias dos séculos XVII e XVIII, sobre o qual uma parte considerável da teologia católica elabora os planos doutrinais que iriam desembocar no Concílio Vaticano I (1869-1870)".[20] O resultado foi uma exaltação do poder papal e, abaixo dele, do poder hierárquico, que alcança "o grau

---

[19] Ligada à devoção do Coração de Jesus, mas também com claras conotações políticas (cf. E. Schillebeeckx, *O. c.*, 254.259).

[20] G. Alberigo, *Autoridad e poder: Nuevo Diccionario de Teología II* (Madrid, 1982), p. 75-92, em p. 88.

máximo de afastamento" da comunidade: "é uma autoridade *sobre* a Igreja mais que na Igreja".[21]

O que se disse da "revolução copernicana" no Vaticano II mostra que a evolução é distinta e, apesar de tudo, está sendo já de fato: se a presença, a palavra e a autoridade de Deus residem primordialmente na comunidade total da Igreja, sem nada tirar do caráter de "instituição divina" da hierarquia, também para ela podem ter validade as palavras citadas do Concílio acerca da autoridade política; parafraseando: "a determinação do regime de governo eclesiástico e a designação dos pastores podem levar à livre eleição dos membros da Igreja".[22]

Opor-se a esta evolução em nome do direito divino é, pois, como bem analisa Schillebeeckx, uma *category mistake*, um "cruzamento de categorias" que leva a uma "consequência enganosa", pois, mescla o *fundamento* da autoridade com o *modo* de exercê-la: "como se uma direção autoritária respondesse melhor à submissão da Igreja à palavra de Deus que um regime levado democraticamente, no qual se escuta mais clara e exatamente a voz de todo o povo de Deus!".[23]

Esclarecida a questão de princípio, é mais fácil abordar algumas aplicações de fato.

---

[21] Ibid., p. 90.

[22] Valeria a pena ler o equilibrado estudo de um teólogo como K. Lehmann, Legitimación dogmática de uma democratización en la Iglesia: *Concilium* 63 (1971) 355-377. Afirma: "Assim, pois, existem razões para considerar a 'autoridade' no contexto da comunidade", sem que isso deva levar a que o pastor "dependa totalmente da comunidade e somente 'reproduza o que vive nela'" (p. 374). Prossegue: "É realmente assombroso que haja na Igreja tão poucas 'estruturas democráticas' no sentido explicado. (...) [Tal reflete] ... em parte a situação quase patológica na qual se encontra o problema do ministério na Igreja, e isto em todos as frentes" (p. 375).

[23] *L. c.*, 275; cf. todo o argumento, p. 269-279.

## 4.2. Exercício democrático da autoridade

A primeira aplicação se refere ao estilo mesmo de exercer a autoridade na Igreja. Longos séculos de poder e uma abundante teorização sacralizante criaram um estilo que choca cada vez mais com o melhor da sensibilidade atual. Recordo ainda a impressão que me causou, quando, estudante de Humanidades, ouvi de um professor – religioso, recém-chegado de Roma – que o secretário de estado do Vaticano despachava de joelhos – um cardeal!; todos os dias! – diante do papa sentado à mesa. Um escândalo saudável e um purificador alerta para mim.

Por sorte, isso e outros sinais, já são história. Mas não é tão seguro que, uma vez suprimidos os gestos, não fique muito do espírito. A relação do papa com os bispos dista ainda muito de ser um *primus inter pares*, de "primeiro entre iguais". Ademais, ela deixou de ser minoritária: as numerosas viagens dos papas atuais, com a onipresença da televisão, deixam este estilo ser hoje visto ao vivo por todo o mundo. E os que acedem a uma informação mais detalhada, sabem do total poder papal para nomear ou trasladar bispos, para reconfigurar numa concreta direção as conferências episcopais, para condicionar a própria sucessão... Os próprios sínodos universais de bispos, já prescindindo de sua preparação, são mera sugestão *consultiva*, sem força deliberativa.

Por sua vez, isto reflete no governo episcopal, por sua *estrutura* demasiado dependente do alto e nada dependente de baixo. Mas é preciso reconhecer que neste âmbito episcopal a maior proximidade da comunidade permite, em muitos casos, um desejo, e um exercício, mais participativo e igualitário. Na realidade, talvez resida aqui o ponto de apoio que, no futuro, possa mover democraticamente o mundo da autoridade eclesial. Por isso seria decisivo que se operasse nele uma atualização de alcance estrutural, isto é, não entregue às meras qualidades individuais, sempre ameaçadas pelo peso jurídico do institucional. Neste sentido, parecem especialmente interessantes dois pontos concretos.

O primeiro, o modo da *eleição*. Questão já quase comum entre os teólogos e de grande tradição, conforme aquele princípio: "a quem todos hão de obedecer, todos devem escolhê-lo". Curiosamente, nos documentos mais antigos aparece sobre isso uma firme liberdade e uma limpa lucidez. Ainda não acabado o século I, a primeira carta de São Clemente Romano "fala de ministros nomeados com o assentimento de toda a comunidade" (44,3), e na *Didaché*, de data pouco posterior, se dá esta indicação: 'elejam vossos bispos e diáconos, dignos do Senhor' (15,1)"; E, se bem não se conheça o procedimento exato, no século III existem claros testemunhos de um sufrágio de todos os membros.[24] Por outro lado, se distinguia muito bem, como o mostra São Cipriano, entre a eleição (*populi suffragium*), a acolhida e ordenação pelo colégio episcopal (*episcoporum consensus*) e a origem divina (*divinum iudicium*). Realmente, a partir da experiência democrática da cultura atual, não é preciso insistir mais tanto na legitimidade desta aspiração como na urgência de colocá-la em prática.

---

[24] R. Kottje, La elección de los ministros da Iglesia. Hechos históricos e experiencias: *Concilium* 63 (1971) 406-415, em p. 407; deste artigo tomo os demais dados do texto (p. 515 n.1, oferece uma bibl. fundamental). uma síntese da enorme flexibilidade histórica neste ponto e das influências que nela agiram, ver: K. Mörsdorf, Bischof III,5: Acopio de las sedes episcopais: *LfThK* 2 (1958) 501-505.

Mais ainda, esta experiência permite apreciar a importância de um motivo não tão tradicional e talvez mais delicado: o da eleição por um *tempo determinado*. Insisto em que não se trata de uma questão de princípio, mas de consequência prática. Porque o costume habitual de que os altos cargos na Igreja sejam vitalícios se está mostrando fortemente disfuncional no contexto de hoje. Pela diferença com o avanço da consciência civil, em primeiro lugar: a estes níveis o caráter vitalício desapareceu praticamente da vida civil; e não por casualidade, mas porque assim o exigem, por uma parte, o caráter dinâmico da sociedade atual e, por outra, o generalizado desejo democrático. Em segundo e mais decisivo lugar, pelas negativas consequências pastorais dificilmente evitáveis. Detalhemos minimamente.

É a dificuldade de manter o dinamismo renovador, tão necessário numa Igreja com claro atraso institucional desde a entrada da modernidade. Está também, em estratos mais íntimos, a inevitável "sacralização" do cargo e a conseguinte distorção na percepção da realidade concreta: a vida de celibato, certo "afastamento do mundo" aceito por muitos como óbvio; e, sobretudo, a perspectiva de uma vida toda sem voltar nunca à base, privada para sempre de uma convivência normal e de uma relação horizontal com os demais. Isso produz quase fatalmente um tipo de existência e de governo afastado da comunidade, e se converte em caldo de cultivo para atitudes não realistas, não participativas e autoritárias. Some-se aí que, para o trabalho comum e a "carreira" de um bispo, nada servem como critérios a acolhida do povo nem sua eficácia pastoral, ou o contato cordial com as pessoas; vale a fidelidade vertical – real ou aparente – às diretrizes oficiais. Então, se compreende que a atual configuração vitalícia não constitui a melhor garantia de renovação eclesial E, menos, de governo democrático.

Tenho a impressão de que este aspecto pode ser muito decisivo. E, sem dúvida, dado seu caráter "prático", não atenta contra nenhum princípio. *De fato*, adiantando-se à evolução civil, faz tempo que as ordens religiosas – neste ponto, fiéis a seu caráter de vanguarda – se governam por cargos eletivos e não vitalícios. O resultado foi, ao menos nas realizações consequentes, uma maior vitalidade. E não se pode dizer que nelas tenha sido prejudicado o prestígio da autoridade. Mais significativo ainda: a disposição papal para que os bispos se retirem aos 75 anos mostra a legitimidade teológica do que se propõe, pois, *qualitativamente e em princípio* não existe nenhuma diferença entre fazê-lo aos 75 anos ou após um período mais curto. Finalmente, a cordial recepção e a justa compreensão evangélica com que na Espanha foi acolhida, faz alguns anos, o emeritato voluntário de dois bispos, demonstra que – embora depois não tenha tido sucessores– a proposta caminha na justa direção.[25]

Com menos altura institucional, mas enorme influência real, também há que aludir ao mundo dos *presbíteros*. Sobretudo com respeito às paróquias, vale o dito acerca da eleição,[26] pois, de modo especial, é nelas onde deveria ser exercido um governo mais participativo e verdadeiramente

---

[25] Refiro-me a Mons. Ramón Buxarrais e a Mons. Nicolás Castellanos. Significativos porque sua decisão obedeceu precisamente a motivos evangélicos, como consta tanto das declarações de ambos como pelo testemunho de seus diocesanos. Ademais, R. Buxarrais era coerente com as ideias expressadas em um artigo moderado mas valente: *Presidir para servir*. ¿Temporalidad em él ejercicio de él ministerio episcopal diocesano?: *Sal Terrae*, mayo 1983.

[26] Cf. R. Kottje, *L.c.*, p. 411-412.

democrático. Sua proximidade ao povo faz sentir mais vivamente tanto o anacronismo de muitas posturas como as grandes possibilidades que existem para uma renovação intensa e evangelicamente democrática. E o exemplo das paróquias onde isto se realiza mostra que não se trata de sonhos irreais ou propostas idealistas.

Seria interessante analisar as diversas possibilidades que se oferecem para uma profunda revitalização democrática da Igreja. Contentemo-nos em enunciar três das direções que, em um nível mais formal, Karl Rahner assinalava como decisivas: 1) Buscar modos reais e efetivos de uma autêntica representação laical (sem se negar a "refletir" sobre a possibilidade de "partidos" na Igreja).[27] 2) Levar muito a sério a existência e fomento de comunidades de base, com estruturas mais flexíveis. 3) Reconhecer a legitimidade e a necessidade da formação de uma opinião pública na Igreja, com o correspondente pluralismo: "se se exercita e se torna normal esta compreensão para certo pluralismo na Igreja e em sua opinião pública, então será mais fácil e se poderá praticar melhor por ambas as partes [leigos e hierarquia] uma limpa atitude democrática".[28]

Verdadeiramente, não somente a fidelidade ao Evangelho mas um mínimo de coerência com as próprias palavras exigem que a Igreja empreenda com urgência o que ela mesma pede à sociedade civil: "que se constituam estruturas político-jurídicas que ofereçam a todos os cidadãos, sem discriminação nenhuma e com perfeição crescente, possibilidades efetivas de tomar parte, livre e ativamente, na fixação dos fundamentos jurídicos da comunidade política, no governo da coisa pública, na determinação dos

---

[27] (*L.c.*, 125).

[28] Ibid., p. 130 (final do artigo).

campos de ação e dos limites das diferentes instituições e na eleição dos governantes" (*Gaudium et Spes*, n. 75; cf. n. 31. p. 73-76).

Mas restam ainda dois temas muito importantes e decisivos, que devem ser aludidos, embora telegraficamente.

### 4.3. Os pobres e a mulher na Igreja

O primeiro é o dos *pobres* na Igreja. Por sorte, a teologia, sobretudo a da libertação, vem há tempos trabalhando nele e esclareceu, com clareza e energia – ao menos para quem tenha ouvidos para ouvir – o fundamental. Interessa somente situá-lo na perspectiva destas reflexões.

Já é lugar comum nos estudos sociopolíticos salientar que a democracia formal pode ser uma cilada hipócrita quando não se traduz em igualdade efetiva para os que carecem de meios. Dado que Jesus mostrou uma sensibilidade agudíssima neste ponto e, tanto em suas palavras como em sua conduta, demarcou uma orientação irrenunciável, a Igreja deveria ser pioneira indiscutível: também aqui, e especialmente aqui, se faz sentir a urgência do "muito mais" paulino. A partir do Vaticano II e depois de Medellín, até Aparecida, a preocupação assumiu caráter oficial: a opção preferencial pelos pobres aparece como constitutiva da vida da Igreja.

Com isso, não foi feito o caminho. Mas ao menos a preocupação segue viva. E dificilmente poderá alguém negar que o quanto se faça para que os pobres e os marginalizados, em qualquer dimensão, tenham voz e voto na Igreja, e se sintam nela reconhecidos e promovidos em seus direitos, constitui uma exigência indispensável para um funcionamento correto da vida eclesial. A coragem aqui será não somente fidelidade ao Evangelho, mas o dever se converter em estímulo para a sociedade civil.

O segundo é o tema da *mulher* na Igreja. "Liberdade, igualdade, fraternidade", como proclamação civil. "Em Cristo não há varão nem mulher", como originário anúncio cristão. Estes dois princípios irreversíveis devem bastar para tomar em toda sua mortal e gloriosa seriedade estas palavras e para compreender o caráter ideológico de todo discurso que pretenda manter qualquer tipo de discriminação. E digo "ideológico", para sublinhar uma vez mais o caráter objetivo e não a malícia subjetiva das distintas posturas. Mas também para indicar que, uma vez descoberta a cilada, todas as razões soam vazias, como defesa vazia do simples e faticamente estabelecido.

Compreendo que, estando no seio de um determinado discurso teológico, se "vejam" algumas razões, e que se confira a elas importância, para manter em suspenso um diálogo mais aberto, mais participativo e mais universal acerca do aceso da mulher ao sacerdócio ministerial. E tomo este exemplo não como problema único nem provavelmente principal, mas como índice crucialmente significativo. Uma vez despertada a sensibilidade e reajustada a visão, há que dizer que não se trouxeram argumentos teologicamente convincentes para uma clausura radical da discussão. O mais usado, diz que Jesus somente escolheu apóstolos varões, resulta logicamente inconclusivo, ao elevar um simples fato – de clara explicação em sua circunstância – à categoria de princípio.

Se levado a sério esse princípio, com muito maior razão teríamos de excluir a todo varão não judeu, porque neste caso, sim, sabemos que a exclusão obedecia em Jesus – ao menos em parte, condicionado pela urgência do fim – a uma atitude de princípio: negativa a sair pessoalmente de Israel, tanto ele como os discípulos; somado ademais ao simbolismo das doze tribos de Israel. A Igreja primitiva, graças à coragem de Paulo, compreendendo a primazia radical da universalidade da mensagem evangélica – em plena coerência com o espírito e a conduta claramente aberta e quase subversiva do mesmo Jesus –, foi bastante lúcida e valente para romper com esse particularismo. Por certo, isso serve de justo alerta, para este e outros casos: o fato terrível de que, mesmo depois de ter sido deslegitimado pela Escritura o afã particularista, não faltaram – nem, por desgraça, faltarão ainda – atitudes racistas que, por exemplo, aplicadas à cor, negam a possibilidade de ordenar sacerdotes, bispos ou papas negros.

Naturalmente, não se trata de estabelecer uma pugna dialética em um problema que as decisões oficiais tornaram delicado. Mas a teologia precisa exercer sua função de manter abertos os espaços para o crescimento na compreensão e atualização na compreensão da fé. Não certamente para se acomodar à moda: Otto Herman Pesch, em algumas considerações muito equilibradas, nota que a discussão já leva "mais de cinquenta anos, e deve-se sublinhar, aliás, que isso bem antes de que o movimento feminista em geral e a teologia feminista em particular tomassem a palavra na Igreja".[29] E acrescenta: "Que é que está por detrás, em determinados círculos clericais, do rechaço quase obsessivo desta solicitude [...], com graves consequências para o diálogo ecumênico acerca do ministério eclesial?".[30] Mais: "Quanto perde a Igreja em

---

[29] *Katholische Dogmatik aus* ökumenishcer *Erfahrung. 2 Die Geschichte Gottes mit den Menschen*, Grünewald, ostfildern 2010, p. 240.

[30] Ibid., p. 241.

sensibilidade para o anúncio da fé e competência pastoral, pelo fato de manter as mulheres longe do ministério sacerdotal, sem ter para isso nenhum fundamento dogmaticamente decisivo?".[31]

Recordando um Concílio que tinha como meta decisiva o *aggiornamento* da fé e a vida na Igreja, é óbvio que está aberta uma frente sumamente decisiva, que, se não encontra uma justa solução, não somente se expõe a uma hermenêutica injusta com a metade das pessoas crentes, como se torna incompreensível para seus destinatários na cultura atual. Porque os dados que se manejam e a estrutura das distintas reações deixaram de ser coisa de iniciados, para entrar com clareza crescente no domínio público. Está em jogo a própria credibilidade da Igreja, se ela for percebida como ideologicamente prisioneira da própria história, mesmo à custa de resistir aos apelos do presente e se mostrar infiel a suas próprias origens.

---

[31] Ibid., p. 243. Cf. também o comedido artigo de G. Kraus, Frauenordination. Ein drängendes Desiderat in der katholischen Kirche: *Stimmen der Zeit* 137 (2011) 795-803 (tradução condensada em: *Selecciones de Teología* 51 [2012] 288-294: La ordenación de las mujeres. Un desideratum urgente en la Iglesia católica).

# Capítulo VI
## O diálogo das religiões a partir do Vaticano II

**Nota explicativa.** Este texto tem um caráter de apêndice que precisa ser esclarecido. Ele foi escrito para um livro que, por iniciativa de Joaquim Gomis e para comemorar os 50 anos da revista *El Ciervo*, apareceu com o sugestivo título "O Concílio Vaticano III: como o imaginam 17 cristãos".[1] O editor anunciava assim o propósito nas palavras com que abria o prólogo: "Este livro é como um jogo. Joga e imagina como poderia ser um próximo Concílio. Como poderia ser ou como — quem preparou e colaborou com este livro — desejaríamos que fosse". E o concluía com estas outras: "Porque este é um livro de jogo, de imaginação. Mas também de fé, de convicção. É uma séria aposta — e, ao mesmo tempo, uma imaginativa aposta — por um futuro melhor para o qual desejamos contribuir".

Escrito com este espírito, de seriedade alegre e de esperança na busca, me pareceu interessante publicá-lo aqui. Por dois motivos principais. Antes de tudo, porque mostra, *in actu*, a convicção explicitada aqui desde o prólogo: que

---

[1] Publicação original: El diálogo de las religiones en el mundo actual, em: J. Gomis (ed.), *El Concilio Vaticano III. Cómo lo imaginan 17 cristianos*, Bilbao, Desclée De Browver, 2001, p. 67-84.

a abertura promovida pelo Vaticano II permanece diante de nós como tarefa aberta (esta é a razão pela qual preferi deixá-lo intacto, sem possíveis modificações atualizadoras). Em segundo lugar, e por isso mesmo, constitui também uma espécie de "aplicação", que concretiza, de uma maneira simples, porém, suficientemente ampla, uma das possibilidades ali anunciada (por isso, não suprimi as breves repetições em relação ao item correspondente em III.2.2.1). Na medida em que venha a se mostrar acertada, esta proposta evidencia como, sem ter podido levar seus temas até o mais pleno desenvolvimento, o Vaticano II foi um início fecundo: semente e sulco e chamado à esperança.

Seu título poderia ser, portanto: "Declaração sobre o diálogo religioso no terceiro milênio".

## O CONCÍLIO COMO ESCUTA, REPRESENTAÇÃO E UNIFICAÇÃO

**1.** Este Concílio, que inaugura os ecumênicos da Igreja Católica no terceiro milênio da era que nós contamos a partir do nascimento de Jesus de Nazaré, gostaria, antes de tudo, de ser um grande abraço universal entre todas as religiões e com a humanidade inteira. Não temos outro sonho, convencidos como estamos de que é o sonho de Deus mesmo: desse Deus que invocamos com diversos nomes e que — é nossa convicção — se faz presente até mesmo no meio de sua negação teórica, quando esta obedece a um interesse profundo e sincero pelo bem da humanidade.

Nós nos sentimos representantes de todos os fiéis cristãos espalhados pelos quatro ventos do mundo. Por isso, aproveitando as possibilidades que os modernos meios de comunicação puseram a nosso alcance, fizemos preceder esta assembleia de uma ampla consulta, em que cada cristã e cada cristão puderam expressar seu parecer e fazer suas sugestões, pois sabemos que o Espírito de Deus habita em todos os corações e que, em cada um, diz uma palavra original e irrepetível para o bem comum da família humana.

Quisemos também, valendo-nos desses mesmos meios, escutar as vozes das outras confissões cristãs, reconhecendo-as como saídas da mesma experiência fundamental, por estarem alimentadas no mesmo Evangelho, e invocar a Deus com o mesmo entranhável nome tão querido por Jesus: *Abbá*. Junto a elas solicitamos também as de nossos irmãos judeus, pois sabemos muito bem que sua milenar e venerável tradição faz parte do mais íntimo de nossa própria fé. Também, na medida do humanamente possível, solicitamos o parecer das demais religiões do mundo, atentos a sua experiência e abertos a tudo o que, como contribuição, sugestão ou mesmo queixa, elas tenham querido nos manifestar.

Essa é a razão pela qual, aproveitando das possibilidades dos novos meios de transporte, quisemos igualmente que nesta aula estivessem presentes não somente as palavras dessa difícil e laboriosa, porém inestimável, consulta, mas também algumas pessoas, homens e mulheres, que as encarnem aqui como presença viva e fraternal.

Este Concílio, escutando com humilde atenção essas palavras e acolhendo com amorosa hospitalidade essas presenças, tenciona coletar com a maior fidelidade o que, por seu intermédio, o Senhor de todos tem procurado nos manifestar; esse mesmo Senhor, a cuja inspiração tentamos igualmente estar atentos e nos abrir nestes dias de convivência conciliar. Confiamos em que, tendo acolhido assim com humilde atenção, tudo quanto, através de todos, o Espírito foi manifestando, a assembleia conciliar consiga seu fim verdadeiro: com a ajuda do mesmo Espírito, dar figura unitária, dissipando equívocos e evitando erros, à verdade que vive de múltiplas maneiras na comunidade por ele animada.

## REVELAÇÃO UNIVERSAL E IRRESTRITA

**2.** A marcha do mundo e de sua cultura, assim como o contato vivo entre as diversas religiões nos fizeram muito conscientes de que a vivência religiosa se encontra numa situação nova; em aspectos importantes, radicalmente nova. De sorte que, sem pretender de modo algum romper a continuidade com o passado de nossas tradições, compreendemos que, hoje em nosso mundo, a melhor prova de fidelidade às mesmas consiste em procurar adequá-las às novas circunstâncias, como resposta a suas perguntas e problemas, como humilde tentativa de nos transformar de acordo com suas legítimas exigências. Sabemos que não o conseguiremos na medida em que seria de desejar e a nós nos agradaria; mas, ao menos, queremos dar um testemunho sincero de que esta é nossa intenção, e até nos atrevemos a propô-la também como convite para que os demais se unam a essa nossa intenção.

Um olhar para a história da humanidade nos obriga a reconsiderar a concepção de nossa própria história, a qual chamamos sagrada. Se a nossos antepassados, que a calculavam em oito milênios, foi possível parecer que somente nela Deus se manifestasse em sua Palavra de uma maneira única, à espera que eles pudessem depois transmiti-la aos demais, hoje reconhecemos que não é possível que tenha sido assim. Quando, na atualidade, os cálculos mais moderados elevam a mais de um milhão de anos a história humana, não podemos pensar que o Criador de todos tenha se preocupado durante milênios e milênios tão somente de um punhado de pessoas, entre suas filhas e filhos, deixando em espera os demais. Consideração que se reforça, quando levamos em conta que também em sua dimensão espacial o mundo se ampliou imensamente, passando da pequena *ecumene* em torno do mar Mediterrâneo — significativamente chamado *Mare Nostrum* — ao imenso mundo que compreende a novidade das Américas e a ampliação, durante milênios desconhecida, da Ásia, África e Oceania; e, inclusive, ultimamente se está produzindo a abertura para o mundo imenso e incógnito da exploração espacial.

Tendo isto em conta, não podemos deixar de confessar que esses bilhões de seres humanos estiveram, desde sempre, todos e cada um, sob o olhar materno-paternal de Deus, habitados e animados por sua presença amorosa e salvadora. Isso tudo nos leva a compreender com mais clareza algo que deveria ser evidente a partir da confissão de Deus como amor: que ele, como Pai e Mãe, preocupado unicamente pelo bem e pela felicidade de todos seus filhos e filhas, esteve ocupado em nos revelar desde sempre e quanto possível sua presença salvadora. Os limites da revelação histórica — com suas carências, seus tenteios e seus erros — não se devem, portanto, a uma reserva ou falta de generosidade por parte de Deus, mas à incapacidade ou à malícia nascidas da limitação humana.

# EM DEUS NÃO EXISTE ACEPÇÃO DE PESSOAS NEM DE RELIGIÕES

**3.** Por isso, conscientes da novidade teológica que isso supõe, e da necessária atualização hermenêutica que impõe na leitura de nossos textos sagrados, este Concílio decidiu renunciar à categoria de eleição; uma categoria, por certo, não poucas vezes criticada já pelos profetas e pelo próprio Jesus. Em Deus, como nos repetiram em numerosas ocasiões esses próprios textos, "não há acepção de pessoas"; nem, acrescentemos, de religiões. Por aquilo que diz respeito a seu amor, todos somos iguais, sem a mínima discriminação, filhos e filhas muito queridos.

As inegáveis diferenças que existem de fato não nascem de predileções arbitrárias ou de favoritismos particularistas por parte divina, mas antes é fruto inevitável de nossa finitude humana. Da mesma maneira que o amor de alguns pais bons, sadios e honestos se entrega totalmente a cada um de seus filhos e filhas, mas se diversifica pelos distintos caracteres, qualidades e ainda opções vitais dos mesmos, também Deus entrega a cada homem e mulher, a cada época, cultura ou nação seu amor incondicional e irrestrito. O que sucede é que este se diversifica, tanto em seu reconhecimento teórico como em sua acolhida prática, pelas condições de cada cultura, pelas diferentes fases da história e pelas consequências das distintas opções éticas e culturais que os grupos humanos vão adotando.

Nós nos atrevemos a dizer que Deus se alegra com cada qualidade positiva e com cada opção correta; que luta a nosso lado para que possamos ir superando obstáculos involuntários e renunciando a opções incorretas ou pecaminosas; e que aproveita tudo o que foi conseguido em alguma pessoa, religião ou cultura para que, desse modo, possa ser mais facilmente compreendido e acolhido pelos demais. Isto é o que faz com que estejamos atentos a tudo o que de bom e positivo venha a aparecer em qualquer lugar do mundo, especialmente nas diferentes religiões, a fim de enriquecer um pouco mais nossa visão, sempre deficiente, do insondável mistério divino.

## TODAS AS RELIGIÕES SÃO VERDADEIRAS

**4.** Em estreita união com tal compreensão, este Concílio, fazendo, de algum modo, crescer a semente que havia sido plantada no Vaticano II, não apenas "nada recusa do que houver de verdadeiro e santo nas religiões", como também quer proclamar, com toda solenidade, sua convicção fundamental de que todas as religiões são verdadeiras. Isso não pretende ser uma proclamação de relativismo indiscriminado, mas sim a constatação da base comum na qual todos devemos apoiar o diálogo e a convivência. Toda religião é verdadeira, no sentido de que sua essência consiste justamente na descoberta fundamental de que não estamos sós no mundo, de que nossa existência está fundada e amparada por uma Realidade mais alta do que nós e do que o próprio universo, da qual, em diversas formas, esperamos a salvação definitiva.

Somente depois, sem pretensões nem discriminações aprioristicas, podemos, e mesmo devemos, entrar na irrenunciável tarefa humana de buscar não uma inalcançável verdade plena, mas antes uma verdade que seja a melhor e maior possível dentro das capacidades humanas, apoiadas no amor divino. Abrigamos a esperança de que o reconhecimento desta base fundamental possa criar o verdadeiro clima para um diálogo autêntico e fomentar em todos um espírito humilde, colaborador e fraternal.

## PLURALISMO ASSIMÉTRICO

**5.** Felizmente, a teologia atual já vem trabalhando há muito tempo nestas questões, e acolhemos agradecidos os importantes avanços obtidos. Ainda resta muito caminho por andar em jornadas comuns, e doravante será preciso elaborar novas categorias que permitam ir conseguindo uma maior clareza e propiciem uma colaboração mais fecunda.

Graças a Deus, já ficou bem para trás o *extra ecclesiam nulla salus*, por cujas incompreensões e ainda graves danos pedimos de novo perdão, com humilde e sincero arrependimento. Nem sequer pretendemos mais, embora tenha sido um grande avanço por parte de alguns de nossos teólogos, falar de inclusivismo. Não queremos dar a impressão de que todas as religiões, para ser verdadeiras e levar a Deus, devam passar pelo cristianismo, nem sequer que nele estejam incluídas, sem mais, todas as riquezas adquiridas nas demais tradições, pois a história mostra que Deus, de acordo com suas circunstâncias e possibilidades, seguiu caminhos específicos com cada uma. E tampouco nos satisfaz um pluralismo sem matizes, embora confessemos nossa simpatia por ele, na medida em que reconhece a especificidade de cada religião e mostra um requintado respeito por todas.

Na falta de uma categoria melhor, a cuja busca comum convidamos a todos, preferimos a de pluralismo assimétrico, pois nos parece que, ao mesmo tempo que — para além do inclusivismo — respeita a pluralidade, evita o perigo — pluralista — do relativismo, como se todos os caminhos fossem iguais, e não fosse preciso estar sempre em êxodo rumo a uma maior profundidade e pureza na confissão e prática do mistério. A realidade mostra que não em todas as religiões se alcança o mesmo grau de avanço no caminho rumo a Deus. Muitas vezes, as diferenças são simplesmente de contexto cultural, e isso nos deve levar todos a ter cautela com relação a um pluralismo amplo e legítimo. Mas há ocasiões em que as diferenças têm sério alcance religioso, como o mostra o próprio fato de que cada religião, em seu próprio contexto cultural, está chamada sempre à autocrítica e ao progresso purificador: é o que sempre procuraram nelas suas respectivas figuras proféticas.

## URGÊNCIA E PRIORIDADE DO DIÁLOGO

**6.** Com estas últimas palavras o Concílio já está indicando que a denominação de pluralismo assimétrico não busca protagonismos nem, muito menos, imperialismos religiosos. Quer ser, antes de tudo, um chamado ao diálogo religioso como uma das tarefas mais urgentes de nosso tempo, enquanto busca comum para ir cada dia examinando entre todos a fidelidade à presença divina. Essa presença nos convoca, com amor inesgotável e incansável, a seguir adiante sem autocomplacências nem desânimos, sabendo que nunca encontraremos uma resposta satisfatória enquanto peregrinarmos nos limites do tempo histórico. Nesse sentido, o pluralismo inevitável, que muitas vezes pode vir a ser doloroso, representa também uma riqueza inestimável. Cada religião, com efeito, significa uma perspectiva única sobre o mistério comum; de sorte que sempre há riquezas em cada religião que as demais não possuem, do mesmo modo que todas, sem exceção, têm de reconhecer as inevitáveis cegueiras causadas pelos limites da própria circunstância.

Escutar os demais constitui, então, a melhor prova de respeito diante do mistério comum, pois unicamente deles podemos receber aquilo que nossos olhos não podem ver. Igualmente, não existe melhor mostra de solidariedade humana e de fraternidade religiosa que a de oferecer — jamais impor — aquilo que nos parece um dom divino descoberto com especial clareza em nossa religião. Somente reunindo as buscas e os esforços de todos podemos aspirar a uma aproximação o mais humanamente integral da verdade divina.

Ao proclamar esta necessidade, somos conscientes de que se abrem diante de todos nós dois problemas que, sendo perenes, adquirem especial urgência e dificuldade na situação atual. Trata-se da adesão "de todo coração" à confissão da própria fé e do trabalho missionário com relação aos demais.

## TEOCENTRISMO JESUÂNICO

**7.** Desde os primórdios, nós, cristãos, fascinados pela figura de nosso Fundador, descobrimos nele "o caminho, a verdade e a vida", de sorte que, na figura de Jesus, sentimos que se nos abre o melhor acesso ao Mistério comum. Esse entusiasmo levou nossa comunidade eclesial a proclamar: "Ninguém mais, a não ser ele, pode nos salvar, pois, somente através dele, Deus concede a nós, humanos, a salvação sobre a terra" (At 4,12). É o que podemos chamar de nosso teocentrismo jesuânico. Por fidelidade a nossa consciência e por respeito aos demais, não queremos nem podemos ocultar esta confissão, que configura o mais íntimo de nossa experiência religiosa e que — nós o reconhecemos com pesar — levou a não poucos abusos e intransigências ao longo da história.

Porém, dito isto, queremos igualmente manifestar que hoje compreendemos melhor do que em outros tempos o peculiar desta linguagem. Linguagem de confissão, proclamação de agradecimento e amor, que acentua o que os peritos em linguística chamam de dimensão "ilocutiva" da linguagem, ou seja, aquela em que as palavras expressam antes de tudo a própria vivência e tendem a modificar as condutas. Isso significa primeiramente que, na vida de Jesus de Nazaré, encontramos o modelo concreto para nossa vivência religiosa e em sua pregação o horizonte fundante de nossa compreensão do mistério divino.

Acrescentemos, não obstante isso, que, com este esclarecimento, não pretendemos ocultar nossa convicção de que em Jesus — que assumia em si e prolongava uma longa tradição protagonizada pelo povo de Israel, mas também enriquecida por contribuições muito importantes dos outros povos do Oriente — Deus conseguiu nos manifestar, com alcance universal embora não excludente, as "chaves decisivas" de sua relação conosco e, em correspondência, de nossa relação com ele e com nossos semelhantes. Mas ajudam a esclarecer esta questão duas consequências importantes, que veremos a seguir, e que mantêm aberto o diálogo.

## RESPEITO POR OUTROS "TEOCENTRISMOS"

**8.** A primeira consiste em que essa confissão não equivale a desconhecer que fora do cristianismo foram descobertas riquezas concretas que, estando presentes em outras religiões, não o estão, ou não o estão tão claramente, nele. Seria soberba demoníaca pretender que uma figura histórica como a religião cristã, necessariamente finita, pudesse abraçar concretamente toda a riqueza divina.

Por isso, todos podemos aprender de todos e nada pertence somente a nós. Nosso próprio Fundador nos advertiu que, nisto como em tudo o mais, quem pretender ser o primeiro há de se sentir o último; que nada é nosso com exclusividade e que, por isso mesmo, temos de dar de graça aquilo que de graça recebemos. E, uma vez chegada a ocasião, ele mesmo deixou como modelos membros de outras religiões — como o Bom Samaritano, a anônima mulher cananeia, o centurião romano e até as cidades de Tiro e Sidón. Mais ainda, na parábola do Juízo Final, ele estabelece como critério decisivo de verdadeiro reconhecimento de Deus na vida real o amor ao próximo daqueles que nem sequer conheceram o nome divino.

A segunda consequência consiste em que compreendemos cordialmente aqueles que, a partir de uma tradição religiosa diferente, confessam seu caminho em direção a Deus vertebrando-o a partir de outro centro, seja uma figura profética, seja um tipo peculiar de experiência. Da mesma maneira que nós proclamamos nosso "teocentrismo jesuânico", reconhecemos seu direito a um teocentrismo de distinto gênero ou mesmo, como em certas religiões, a uma confissão não teocêntrica do divino. Não é preciso renunciar à própria confissão para respeitar a dos outros. Embora isso deva ser para todos um espinho na carne, que nos impeça de ficar no imobilismo autossatisfeito e nos impulsione a procurar uma aproximação sempre maior; de sorte que estejamos sempre dispostos para acolher com humildade tudo o que de bom e melhor descubramos nos demais, a fim de responder com maior respeito, fidelidade e generosidade à comum presença divina que transborda e supera a todos nós.

## ECUMENISMO EM ATO

**9.** O problema da missão pede também um profundo repensamento. De fato, falou-se ultimamente de uma crise das missões, provocada por estas novas experiências. Não nos queremos unir ao coro dos que, partindo da situação atual, não sabem ver e apreciar os imensos esforços de generosidade, amor apostólico e também o esforço civilizador despendido por tantas missionárias e missionários nos séculos de história cristã. É também inegável que tenha havido equívocos, mal-entendidos e imposições injustas, e, lamentando-o, como comunidade solidária com as faltas de nossa tradição, pedimos perdão aos descendentes daquelas comunidades, na medida em que tenham padecido abusos. Mas o importante não são os juízos históricos, que é melhor deixar à misericordiosa sabedoria do Senhor de todos. O decisivo está em tirar a lição para hoje e para o futuro, como, em grande medida e com sacrifícios não poucas vezes heroicos, as missões atuais o estão fazendo.

Neste sentido, hoje mais que nunca temos de nos esforçar todos por um renovado e explícito espírito de diálogo. Porque na missão não se trata de ir a um lugar ou a algumas religiões onde Deus estivesse ausente, mas, reconhecendo-o presente, de se encontrar para enriquecer os modos da compreensão e acolhida humana de sua presença. Nós tentamos oferecer gratuita e respeitosamente aquilo que, trazido por Cristo, cremos que possa enriquecer às demais religiões; e, ao mesmo tempo, dispostos a aprender também tudo aquilo que elas nos ofereçam de original. Posto que Deus está em todos, cada religião pode exercer um serviço maiêutico em favor das demais, a saber, pode ajudá-las a "dar a luz" aqueles aspectos ou dimensões da presença divina que, estando nelas, não foram ainda por elas percebidos.

O que viermos a aprender uns com os outros nos aproximará a todos do mistério divino e será, além disso, o melhor e mais autêntico modo de nos aproximarmos entre nós. Assim irá sendo construído um verdadeiro ecumenismo em ato como comunhão viva e cordial, sempre mais eficaz e salvadora que as aproximações teóricas, às quais, de todo modo, não negamos sua função.

## INRELIGIONAÇÃO

**10.** Este espírito que está em marcha já deu frutos importantes. Tal se nota, de uma maneira muito especial, no notável esforço de "inculturação" da fé nos diferentes continentes, povos e grupos humanos; e isto supôs um avanço notável na reflexão teológica e constitui uma prova evidente de vitalidade evangélica e respeito cultural. Por isso, queremos expressar nossa satisfação e agradecer os benefícios que esta trouxe para tantos grupos humanos, inclusive como colaboração prestada em prol de seu desenvolvimento cultural e social, pois também isso faz parte do Evangelho daquele que proclamou que o conhecimento de Deus está também, e de maneira muito decisiva, no ato de dar pão, roupas e abrigo aos mais necessitados.

Seguindo nessa trilha, este Concílio gostaria ainda de animar a dar um passo a mais na mesma direção. Uma vez que o Espírito nos fez compreender que, em sua justa medida, todas as religiões são verdadeiras e que, portanto, configuram em sua própria circunstância a presença salvadora de Deus para seus fiéis, a missão não pode nunca consistir em menosprezar, apagar e, muito menos, anular seus valores religiosos. O que uma religião tencione oferecer de novo a outras não pode nunca ter por objetivo suprimi-las, mas unicamente ajudá-las. Como São Paulo esclareceu, na relação do Evangelho com o judaísmo, não se trata de uma substituição mas antes de um "enxerto". Dessa maneira, quem recebe a outros, incorporando livremente aquilo que neles ache convincente, não renega sua própria tradição, mas sim a renova e enriquece.

Pensando, pois, no avanço que supôs a "inculturação", talvez fosse bom prolongá-la, introduzindo uma nova categoria: a de inreligionação. Assim se indicaria melhor essa atitude integral que não somente respeita a cultura do outro, como também, e de maneira expressa, sua religião.

## A CONTRIBUIÇÃO CRISTÃ: DEUS COMO ABBÁ

**11.** A partir desta atitude de respeito, em oferta e acolhida, a assembleia conciliar quer mostrar, com coração aberto e mão estendida, aquilo que, porque a anima e o considera seu mais precioso tesouro, espera que também possa ajudar aos demais. Nós nos referimos a esse rosto entranhável do Mistério Divino que se nos revelou com especial intensidade em Jesus de Nazaré quando fala de Deus como Abbá. Isso equivale a dizer que Deus é presença pessoal, curvado com ternura irrestrita sobre cada homem e mulher, sem discriminação de raça, gênero ou condição social; que ama a todos, bons e maus, justos e injustos, porque somente lhe interessa nosso bem e está sempre disposto ao perdão.

Como Abbá, que podemos traduzir simbolicamente como Pai-Mãe, apenas espera de nós amor a ele e aos demais, e a nós mesmos. Ele infunde confiança em nossos corações e, dentro do mais refinado respeito à liberdade criada, acompanha o destino humano, na alegria e na dor, na vida e na morte. Por isso esperamos que, no final, Deus, que não sabe castigar, pois é só e unicamente amor, acabará resgatando a todos do poder da morte e da destruição; de sorte que, na medida em que a liberdade humana o permita, salvará em cada pessoa tudo aquilo que haja de bondade e desejo de sobrevivência e felicidade.

Ao falar assim, queremos ter em conta as advertências que nos chegam de outras tradições religiosas, principalmente as orientais, para não apequenar o mistério divino, caindo em um antropomorfismo que ameace reduzi-lo às dimensões da personalidade humana: a afirmação de seu caráter pessoal quer indicar antes de tudo que não é menos e sim mais, infinitamente mais, que tudo o que de conhecimento, liberdade e bondade descobrimos no melhor das pessoas humanas. Escutamos também as advertências de outras tradições, como a judaica e a islâmica, para que a afirmação do amor e da ternura em Deus não menospreze em um ponto sua grandeza soberana e o respeito infinito a que nosso coração se sente chamado em sua presença. Gostaríamos igualmente de recolher todas as sugestões presentes nas ricas e numerosas tradições religiosas do continente africano, do americano e de todo o âmbito dos povos do Oceano Pacífico, para compreender mais a fundo e expressar com menos impropriedade a profundidade, a largura e a altura deste mistério de amor que nos envolve e ultrapassa a todos.

## O DIÁLOGO PROLONGADO EM COLABORAÇÃO

**12.** De todos os modos, tudo quanto dissemos está sempre sob um pressuposto decisivo: nenhuma religião é fim em si mesma. O centro dinâmico de toda religião está em Deus e sua finalidade nuclear é colaborar com ele no serviço da humanidade. Somente esta colaboração justifica a presença e a ação das religiões dentro dela. Por isso, o diálogo entre as religiões tem de se transformar também em colaboração mútua e desinteressada a favor dos problemas humanos. Descentradas em Deus como seu fundamento último, as religiões somente se voltam de verdade para ele quando passam pelo serviço aos irmãos e irmãs. Sobretudo os mais pobres, sofridos ou maltratados: foi esta, de algum modo, a preocupação dos grandes profetas em todas as tradições, e, mais tarde, foi também, com toda a certeza, aquela de Jesus de Nazaré.

Felizmente, as diversas teologias da práxis, atentas aos diferentes processos de libertação, reavivaram esta consciência nos que creem, suscitando grandes esperanças e reconhecendo a dignidade de numerosas pessoas e grupos humanos, que descobriram a Deus como seu aliado e defensor. Os cristãos, concretamente, vemos realizados, de maneira exemplar, este chamado e esta esperança, no destino de nosso Fundador: maltratado, oprimido e assassinado pelos poderes injustos deste mundo, sua ressurreição mostra que, apesar de tudo, sua vida não foi um fracasso. Nele todos nos vemos convocados a esta tarefa. E nele todas as vítimas da história têm um exemplo visível de que Deus as acompanha e apoia com seu amor durante a vida e, ao final, as resgata para sempre do poder da morte.

A visão gloriosa pintada pelo apóstolo Paulo em sua primeira Carta aos Coríntios, quanto ao término de todos os destinos, afirma que "Deus será tudo em todos", descreve a melhor esperança para toda a humanidade. Marca assim a direção de nosso caminho e a meta de nossa colaboração: o trabalho por uma humanidade sem discriminações, sem injustiças, sem desigualdades, sem opressões.

Não se quer dizer que, nesse trabalho, as religiões tenham exclusividade. Em vez disso, temos de nos sentir companheiros de caminho — assumimos conscientemente as ressonâncias desta expressão — de todos os homens e mulheres de boa vontade; isto é, de tantas pessoas que não se resignam às aparências deste mundo. Na medida em que, para dor de Deus e vergonha nossa, muitos milhões de pessoas e grandes partes do mundo continuam discriminados em uma terra que deveria ser livre, igualitária e fraterna, nosso trabalho não pode cessar e nenhum outro critério deve se antepor na hora da colaboração.

## UNIDOS E ABERTOS DIANTE DO CHAMADO COMUM

**13.** Ao final destas considerações, fica dolorosamente patente que estivemos falando, talvez demasiadamente, a partir de nossa perspectiva cristã. É o preço inevitável da limitação humana. Todavia, queremos deixar claro que isto não se deve à prepotência ou ao afã de protagonismo. Aos representantes das demais religiões, queremos dizer: antes do Concílio e, na medida do possível, durante as sessões, nos esforçamos por escutar, compreender e assimilar suas vozes. As palavras aqui pronunciadas constituem simplesmente o testemunho de nossas mèlhores intenções, e queremos oferecê-las como uma mão estendida para que, unida às suas, nos ajudem a todos a nos abrir ao Mistério comum e a unir nossas forças no serviço a que continuamente nos convoca.

Seria belo poder recolher também neste documento as palavras expressas por vocês e formular ao final um credo fundamental que proclamasse o mais nuclear de nossas confissões de fé ou de nossas vivências religiosas. Seria desejável poder nos unir, quem sabe, numa oração comum que nossos lábios pudessem pronunciar em perfeito eco com os sentimentos de nossos corações. Ainda não é possível. Mas, ao menos, na proclamação pública desta Constituição conciliar, queremos fazer um convite: que, enquanto esperamos poder pronunciar um dia essa oração comum com nossos lábios, oremos com o coração, unidos todos juntos pelo silêncio.

Desse modo, ao mesmo tempo que reconhecemos nossa incapacidade atual e confessamos o que nela possa haver de pecado, expressamos nosso desejo de seguir adiante e nossa disposição a nos deixar guiar pelo chamado que a Presença Divina está sempre fazendo ressoar nas profundezas de nosso ser.[2]

---

[2]    J. Rubio, *"Hubo una vez un Concílio".* *Carta a un joven sobre el Vaticano II*, Madrid, 2012.

Impresso na gráfica da
Pia Sociedade Filhas de São Paulo
Via Raposo Tavares, km 19,145
05577-300 - São Paulo, SP - Brasil - 2015